UNIVERSITÉ DE MONTPELLIER - FACULTÉ DE DROIT

Le Plateau du Larzac

Contribution à l'Etude de la Vie économique de la Région et à l'Histoire des Biens communaux

AVANT ET APRÈS LA RÉVOLUTION

Terre où je suis né, terre pauvre et nue,
Ton sol est pierreux et tes champs ingrats,
Mais quand je conduis ma vieille charrue,
Je sens ton doux cœur battre dans mes bras.

R. M.

THÈSE

POUR LE DOCTORAT EN DROIT

PRÉSENTÉE PAR

Francis LAUR

Membres du Jury { MM. VALÉRY, *Président.*
VIARD,
SION, prof. à la { assesseurs.
Faculté des Lettres. {

MONTPELLIER
IMPRIMERIE DE LA CHARITÉ
(Pierre-Rouge)
1929

Le Plateau du Larzac

Contribution à l'Etude de la Vie économique de la Région
et à l'Histoire des Biens communaux avant et après la Révolution

Le Plateau du Larzac

Contribution à l'Etude de la Vie économique de la Région et à l'Histoire des Biens communaux
AVANT ET APRÈS LA RÉVOLUTION

Terre où je suis né, terre pauvre et nue,
Ton sol est pierreux et les champs ingrats,
Mais quand je conduis ma vieille charrue,
Je sens ton doux cœur battre dans mes bras.

R. M.

THÈSE
POUR LE DOCTORAT EN DROIT

PRÉSENTÉE PAR

Francis LAUR

Membres du Jury { MM. VALÉRY, *Président.*
VIARD.
SION, prof. à la } assesseurs.
Faculté des Lettres. }

MONTPELLIER

IMPRIMERIE DE LA CHARITÉ

(Pierre-Rouge)

1929

Le Plateau du Larzac

Contribution à l'Etude de la Vie économique de la Région et à l'Histoire des Biens communaux

AVANT ET APRÈS LA RÉVOLUTION

Meis Magistris et Amicis.

I. — AVANT-PROPOS

Parmi les rares travailleurs qui s'intéressent à l'histoire locale, il faut mettre au premier plan les Curés de campagne et les Instituteurs : les premiers ont trouvé, dans les papiers jaunis et poussiéreux des galetas, la source d'un apostolat plus éclairé et plus fécond ; au risque de paraître quelque peu retardataires, les seconds pensaient, qu'avant de faire connaître aux enfants dont ils ont la charge les Droits de l'Homme et du Citoyen, il était préférable de leur graver dans la mémoire qu'à cette longue chaîne qu'est une race, chacun d'eux forme un nouveau maillon.

Aux uns et aux autres, nous devons des remerciements.

Toutefois, il ne nous est pas possible de passer sous silence l'amabilité des divers Archivistes que nous eûmes si souvent l'occasion de déranger. De même, nous ne pouvons pas ne pas citer les noms de MM.

l'Abbé Hermet, curé de l'Hospitalet ;

Paul Marre, Professeur Agrégé au Lycée de Montpellier ;

Vigarié, juge à Rodez,

qui tous, à divers titres, ont bien voulu encourager nos recherches parfois arides.

Sans doute, trouvera-t-on que pour avoir voulu trop embrasser, il nous est arrivé de mal étreindre ? Mieux que personne, nous sentons, en effet, les imperfections et les graves lacunes de cette étude ; mais nos efforts n'auront pas été infructueux si ces lignes, tombées sous les yeux d'un écolier, lui découvrent un jour l'âpre beauté de son pays et la noblesse de sa race.

Quand l'avion qui vient de quitter le Camp du Larzac a atteint quelques centaines de mètres d'altitude, l'Observateur embrasse d'un seul regard les immenses solitudes qui, depuis les montagnes d'Aubrac, s'étagent en pente douce presque jusqu'à la mer.

A l'Est et à l'Ouest, des vallées larges et fertiles étalent à l'infini le tapis multicolore d'une végétation luxuriante, mais en remontant vers les sources les vallées se rétrécissent peu à peu et bientôt, au sommet des plateaux ensoleillés, une ligne d'ombre étroite et sinueuse souligne seule le profond sillage des rivières.

Au Sud du Massif Central, ces hautes terres calcaires, sans arbres, sans eau, couvertes de paturages, entourées de remparts abrupts, coupées de gorges étroites : c'est la région des Causses (1).

Causse Méjean, Causse Noir, Causse de Sauveterre, les touristes répètent ces noms avec ferveur ; moins connu, plus grand, trop monotone, le Larzac rencontre moins d'admirateurs. Les uns pourtant vantent ses grottes, ses dolmens et ses menhirs, ses ermitages, ses forteresses et ses couvents ; d'autres célèbrent la beauté de ses falaises de balsate et le coup d'œil splendide sur le Bas-Languedoc, tandis que le berger, envieux de la terre promise, montre du doigt quelques villages et près de quarante villes. Les géologues signalent les profondes entailles creusées

______

(1) Pour tout ce qui concerne la géographie physique, voir Vigarie : *Géographie physique de l'Aveyron.*
Martel : *Millau et les Causses.*
Voir surtout la bibliographie.

dans la masse du Causse par les rivières qui s'échappent de ses flancs, ils indiquent l'existence d'une ligne toute souterraine de partage des eaux et la lourde assise du Causse sur les dernières pentes des Cévennes qui reparaissent aux extrémités.

Mais deux caractères particuliers retiendront davantage l'attention de l'économiste.

Quand le voyageur laisse les bords de la Méditerranée pour gagner le Massif Central, il quitte, peu après Lodève, les derniers oliviers du Languedoc pour aborder le Causse au « Pas du Gavach » (2). Le Larzac est, en effet, le plus méridional de tous les causses et, par sa position parallèle à la mer, il forme barrière entre le rivage méditerranéen et le centre de la France : aussi, a-t-il toujours été une voie commerciale très fréquentée.

Le Causse s'étend maintenant sous les yeux : pierreux, nu et désolé. Ses 50.000 hectares de pâturages, qui forment à pareille altitude la plus grande étendue de France, sont utilisés de loin en loin par les troupeaux de quelques fermes ; mais la plus grande partie de ces terres incultes restent la propriété indivise des habitants : ce sont les communaux.

En fonction de ces deux faits, montrer quelle était la situation économique de la région à la fin de l'Ancien Régime ; souligner la naissance, puis l'explosion des luttes agraires que les politiciens du jour essayèrent d'enrayer en imposant le Partage des communaux ; en indiquer les conséquences actuelles : tel sera l'objet des pages qui vont suivre.

____

(2) L'appellation de « gavach » est un terme péjoratif dont les vignerons du Languedoc affublent les Rouergats et les Lozériens pour les tourner en ridicule. « Javon » ou « javaz » aujourd'hui disparue était anciennement la capitale du Gévaudan.

II. — SITUATION ÉCONOMIQUE DE LA RÉGION
A LA FIN DE L'ANCIEN RÉGIME

1. — Outils. — Assolements. — Production (1)

A la fin du XVIIIe siècle, les habitants du plateau ne disposent encore que d'outils rudimentaires. La charrue est semblable à celle que décrit Virgile dans les Georgiques : le soc en bois de chêne est relié à l'attelage par le timon et un bras de levier rigide permet au laboureur de diriger le tout à volonté. Dans la vallée du Cernon, les Chevaliers de Saint-Jean ont adopté avec succès la charrue à versoir, mais, en raison de la nature du sol, la culture y reste pénible et dispendieuse ; ou l'araire ne peut entamer une terre aussi dure que du ciment, ou la charrue s'enlise dans les mottes trop humides, aussi beaucoup de ces terres restent incultes.

Dans le Camarès, on remédie un peu à ces inconvénients en creusant des fossés successifs profonds de 3 pieds et larges de 8, on remplit chaque fossé avec la terre du suivant, on recommence tous les 10 ans, mais les riches seuls peuvent se permettre une culture si onéreuse qui d'ailleurs ne peut s'appliquer qu'à de petites étendues.

Quelques pelles en bois, quelques pioches à dents très écartées et très lourdes permettent le travail à bras (2).

---

(1) Archives départementales de l'Aveyron, C. 1546, sauf indication contraire.

(2) **Dutil** : *Etat économique du Languedoc à la fin de l'Ancien Régime*, page 85.

Les mulets bâtés constituent le principal moyen de transport, seules les fermes favorisées emploient les chars à bœufs. Ces véhicules, munis d'un essieu en bois et montés sur des roues basses et larges, également en bois, ne peuvent avoir que des dimensions fort restreintes (1).

Les céréales sont la principale pour ne pas dire l'unique récolte, et le désir de récolter la plus grande quantité de grain possible impose un assolement rigide, que l'absence d'autres cultures rend plus sévère encore.

A Nant, la première qualité des terres labourables se cultive la première année en froment et donne 5 pour 1 ; la deuxième année en froment : 2 à 3 pour 1 ; la troisième en avoine : un peu plus de 5 pour 1 ; jachère la quatrième année.

La deuxième qualité de terre se cultive deux années sur 3 ; première année froment : 3 pour un ; deuxième année paumelle ; la troisième année on laisse ces terres en repos.

Descendons maintenant le cours de la Dourbie jusqu'à sa jonction avec le Tarn : A Millau, la première qualité des terres se cultive ainsi : première année, froment, 6 pour 1 ; deuxième, froment, 4 pour 1 ; troisième, blé de mars ou orge, 5 pour 1 . Terres de deuxième qualité : première année, froment ; deuxième, blé de mars ; troisième, jachère. Sur les terres de troisième qualité, au lieu de semer 1 sétier par arpent, on jette seulement 3/4 de sétier et l'on recueille 4 pour 1. Les sols de dernière qualité se cultivent de deux années l'une, en froment : on ne sème pas tout à fait 1 sétier (3/4 1/2), le produit est 3 ½. Il y a des terres enfin que l'on sème de 3 ans en 3 ans, 4 en 4 ; et ainsi jusqu'à 12 et 15 ans. Les vignes du premier degré produisent à la sétérée 2 muids ½ ; celles du deuxième, 2 muids ; du troisième, 1 muid ½; du quatrième, 1 muid 1/4 ; du cinquième, 1 muid ; du sixième 3 quartiers (2).

---

(1) Archives privées.
(2) Le muid égale 4 quartiers, le quartier valait 292 l. à Millau et 384 à Compeyre.

Si l'on remonte le cours du Cernon, on trouve à Saint-Georges, quelques chenevières au bord de l'eau ; les meilleurs champs sont situés dans la vallée ; on les cultive en froment, ils se reposent la deuxième année, les blés de mars en deuxième année n'ont pu réussir. Peu de terrains produisent 6 pour 1. Les autres ne rendent que 5,4 ou 2 pour 1. La sétérée de vignes de 800 cannes produit 24 quintaux de vin.

Saint-Rome est à une heure de marche en amont de Saint-Georges. Les meilleures terres sont dans la vallée ; elles se sèment deux années de suite : en seigle, ou moitié orge et froment ; la troisième année, jachère ; sur les collines des environs l'assolement est biennal : première année, froment ; deuxième année, repos. Quant aux autres sols, on les ensemence 2 à 3 ans de suite en froment, on les laisse ensuite incultes 5 à 8 ans. Le plus fort rendement dans ce pays est de 4 à 5/1. Deux faits sont à retenir à Saint-Rome : la culture intermittente du seigle, semence des pays pauvres et l'assolement biennal ; la culture sera la même à Roquefort, mais avec des caractères plus accentués. Les bonnes terres très glaiseuses reçoivent du froment, du blé de mars et se reposent ensuite ; seul, le défaut d'engrais empêche d'y faire du froment une année sur deux. Les terres inférieures ne reçoivent que seigle ou avoine.

Un gros village se trouve à la naissance même des 3 rivières qui s'échappent du Larzac : la Virenque, la Sorgue, le Cernon : l'eau et l'abri du vent ont attiré le paysan, mais ces villageois restent des caussenards, car ce sont à peu près les mêmes cultures et le même climat : le seigle n'est plus une semence intermittente, il est à la base même de l'exploitation et marche de pair avec le froment.

A Sauclières, les terres de première qualité se cultivent en froment et paumelle ; ensuite elles se reposent deux ans ; elles donnent 6 pour un, mais sont très rares ; la deuxième qualité donne seulement 3 pour un ; première année, froment; deuxième année, avoine ; ensuite elles se reposent trois ans.

La première catégorie des terres à seigle rend 6 pour un, mais on ne les travaille qu'un an sur quatre. La deuxième rend 2 à 3 pour un. Elle est formée de terres rapidement envahies par les genêts qu'on détruit de temps à autre par le feu. (Certaines, dit-on, ne sont soulevées que tous les 15 à 30 ans) (1).

Deux quartes ½ de grain, au lieu de 1 sétier comme à Millau suffisent pour semer une sétérée des meilleures terres à froment, il en faut un peu moins pour les meilleures terres à seigle. Les tènements de second ordre reçoivent encore moins de semence.

La règlementation précédente n'est plus suivie à Cornus. On préfère la première année, semer froment ou seigle, la deuxième, avoine ou paumelle, laisser en repos la troisième année et recommencer la quatrième. Le rendement des bonnes terres serait de 5 à 6 pour 1 ; malheureusement, il n'y en a que 15 sétérées. On cultive la deuxième qualité : la première année en froment ou seigle ; la deuxième en avoine ou sarrazin ; faible rendement : 3 ½.

A Sainte-Eulalie, siège de la Commanderie, les terres sont culti-vées deux ans sur trois : froment, avoine ou paumelle, quelques herbes sont le produit de la troisième année. Le produit est de 6 pour 1. Les terres inférieures sont ensemencées de deux années l'une ; elles donnent 4 pour un mais exigent un engrais par culture.

L'assolement est de 5 ans pour les terres à seigle : 1° seigle ; 2° avoine ; 3° blé, sarrazin ; 4° jachère deux ans.

Il faut alors beaucoup d'engrais. Les autres terres à seigle donnent 5 pour 1.

Au centre du Plateau, l'Hôpital Guibert pratique le même roulement. Plus au nord, à la Cavalerie, les meilleurs sols donnent du froment, puis de l'avoine ou de l'orge de mars et ainsi de suite, mais il faut de bonnes fumures — les terres à seigle peuvent donner deux avoines successives, ou un orge de mars après du seigle, mais il faut fumer et laisser reposer trois ans.

Les terrains sujets à l'humidité sont inférieurs en valeur quoique semblables aux précédents.

---

(1) Les meilleurs sols rapportent 6 à 8 pour 1.

Si maintenant on se dirige vers la partie méridionale du plateau en direction de Saint-Michel, le rendement va en diminuant, car les terres arables ont moins de profondeur : à la Couvertoirade, l'assolement est encore triennal, mais on sème la paumelle en deuxième année. Les meilleurs sols donnent 4 pour 1, les autres 3 pour 1.

Les terres à seigle reçoivent cette semence, on jette ensuite de l'avoine, les terres se reposent la troisième année. Le rendement atteint à peine 3 pour 1, et 2 pour 1 dans les terres inférieures. En continuant vers le sud, on trouve à peu près les mêmes tènements, aussi l'intendant Ballainvillers, parlant du diocèse de Lodève, a-t-il pu écrire : « La partie située sur le Larzac ne produit autre chose que des grains tels que froment, méteil, palmoule... Les habitants de ce pays, qui sont en général très pauvres, ne se nourrissent que de ces grains et vendent leur froment. Les terres ne produisent que 3 ou 3 ½. La plus grande partie des terrains est couverte de pierres avec buis et buissons » (1).

Jachère du tiers des terres, rendement des plus modiques, cultures pauvres, tel est le rythme de la production, or, à la même époque, en Flandre, on obtient jusqu'à 21 hectolitres de blé à l'hectare et 23 de seigle (2).

Les raisons de cette différence sont aussi sérieuses que variées.

Si le paysan a toujours tendance à aller chercher fortune dans la vallée ; le blé doit « monter » pour prospérer ; en d'autres termes, le blé récolté dans la vallée donne de bons rendements, s'il est semé les années suivantes sur le plateau ; or le cultivateur est routinier ; en vendant son grain, il garde sa semence et celle-ci médiocre au début devient franchement mauvaise après quelques récoltes.

L'abondance de la paille étant proportionnée au rendement

---

(1) Archives départementales de l'Hérault, C. 47.
(2) Georges Lefebvre : *Paysans du Nord sous la Révolution*, p. 99.

médiocre du grain, le peu qui peut être distrait de la nourriture
des troupeaux ne permet que des fumures insuffisantes. En règle
générale, on jette 20 charretées de fumier par arpent et cela
doit suffire pour quatre années de culture. Mais toutes les
fermes ne peuvent disposer d'une pareille quantité. On trouve
plus commode de faire distribuer le fumier par les animaux
eux-mêmes, la fumure dépend alors du nombre des animaux;
or ceux-ci sont insuffisants par rapport à l'étendue des terres.
On a essayé de parquer le bétail sur les terres, mais les récoltes
n'ont pas été plus belles malgré « les nuits de fumature » (1).
Dans les terres de « Ségala » que l'on cultive à peu près 3 fois
en 12 ans, on laisse croître le genêt que l'on brûle pour amender
le sol, mais cette opération ne peut se faire que tous les 10 ans,
il faut attendre 6 à 8 ans pour que le genêt soit mûr ; ici on brûle
les bruyères ou les fougères ; là on ramasse les feuilles mortes
et le gazon qu'on laisse exposer à l'air tout l'hiver et qu'on
mélange ensuite avec un peu de fumier ; ailleurs le buis coupé
en morceaux sert de litière pour les troupeaux ou pourrit tout
l'hiver dans la cour de la ferme.

Un peu partout, ceux qui défrichent brûlent les mottes de
gazon (2).

A toutes ces raisons, d'autres veulent ajouter les imperfections
de la culture. Sans doute, l'outillage est défectueux, mais la
façon de procéder ne mérite pas tant de critiques, du moins
pour le plateau, car on ne se contente pas d'un seul labour :
chaque culture en nécessite plusieurs, la forme conique du soc
permet l'arrachage des herbes en touffes comme le chiendent,
toutes les autres herbes déracinées mais non tranchées gardent
assez de sève pour reprendre vie après la récolte, gros avantage
pour la pâture, l'année suivante. Leur répétition réduit la terre

------

(1) En Flandre, 100 moutons fument 35 ares en 16 nuits. Lefebvre
op. cit., p. 205. C'est précisément l'absence de fumure qui oblige à l'assolement triennal.
(2) Dans les parties plus fertiles du Rouergue comme à Saint-Antonin,
on fertilise le sol en y semant des fèves ; lorsqu'elles sont en fleurs, on les
enfouit en labourant.

presque en poussière, ce qui conserve la fraîcheur du sol ; à l'époque des semailles, un labour supplémentaire peut remplacer avantageusement la herse tout en assurant l'enfouissement plus profond du grain.

Les labours de printemps sont à peine terminés que déjà dans la vallée les faucheurs aiguisent les faux. La moisson des seigles vient ensuite et vers le 15 juillet, on coupe les blés ; mais le paysan repousse l'usage de la faux, la faucille est encore inconnue, il faut scier le blé à petites poignées. Le battage a lieu peu après ; on n'emploie la latte ou le fléau que pour les petites quantités, ordinairement le blé est foulé sur l'aire par les mulets de la ferme, il y a même des entrepreneurs de battage. « Les gerbes, dit Arthur Young (1), sont empilées grossièrement autour d'une aire où un grand nombre de mules et de chevaux trottent en cercle.

Une femme tient les rênes, une autre ou bien deux petites filles activent la marche avec les fouets ; les hommes alimentent l'aire et la nettoient... Personne ne reste inoccupé et chacun s'emploie de si bon cœur qu'on dirait les gens aussi joyeux de leurs travaux que le maître de son tas de blé ».

Enfin, faute de tarare, on est obligé de vanner le blé sur le tas, dans l'aire ; on jette le blé en l'air avec des pelles de bois et le vent emporte les pailles folles.

L'examen de ce qui précède permet de déterminer les différents grains semés sur le plateau. Le mot blé est un terme générique qui englobe toutes les céréales susceptibles de panification.

On distingue le froment d'hiver et de mars et le seigle d'hiver et de mars, de même pour l'orge. La paumelle est une variété d'orge hâtive avec deux rangées de grains sur l'épi, au lieu de 4 (2), on connaît aussi l'avoine et l'épeautre. Le méteil est un mélange de divers blés : généralement, froment et seigle ;

---

(1) Young : *Voyages en France* : 24 juillet 1787.
(2) Archives départementales de l'Aveyron : Enquête de Mgr de Circé (publiée par Lempereur).

on emploie généralement les termes de mixture, raoust, raoul ou
bataille. Il faut citer aussi le blé sarrazin ; on le sème en mars ;
il réussit et donne beaucoup sans fatiguer les terres ; les chevaux en aiment le fourrage, les paysans s'en nourrissent. Les
principales légumineuses sont les vesces, les bayres, les ers, les
lentilles, les gesses ou geysses, les fèves grosses ou les fèves de
causse, les haricots, et les diverses variétés de pois (chiffes,
blancs, carrés).

Tout ce qui est cultivable est cultivé en céréales, mais il faut
remarquer que sur 300 hectares de bonnes terres, 100 chaque
année, pour le moins, sont en jachère, et 100 ne produisent
pas plus de 3 pour 1. De plus, les grains récoltés sont de qualité
inférieure. « Les habitants pauvres se nourrissent de grains et
vendent leur froment », disait Ballainvillers, et il ajoute « « n'est-
il point encore 15 particuliers dans cette région qui aient du
grain à vendre la charge d'une charrette. »

Si la production est insuffisante pour le paysan lui-même,
elle l'est à plus forte raison pour l'ensemble de la province.
En 1777, il fallut acheter des grains en Bretagne et en Afrique
et établir un magasin général en Languedoc. « Il faut 160.000
sétiers de grains pour 40.000 habitants du diocèse : on n'en récolte que 60.000, les autres 100.000 sont importés » (1). Les
procès-verbaux de l'Assemblée Générale du district (2) de Lodève prouvent que l'on ne recueille que la moitié des grains
nécessaires. A la réquisition de blé de 1773, le conseil du district
fera remarquer que « dans les années les plus abondantes en
grains, le district de Lodève a toujours été reconnu pour celui
qui, à raison de sa situation montagneuse et de l'ingratitude
de son sol, n'a jamais recueilli de grains pour 1/4 de l'année (3).
« Il faut 160.000 sétiers, à raison de 4 sétiers par tête. Le 1/3

---

(1) Archives départementales de l'Hérault, C. 47. Cité par P. Marre :
Le Lodevois.
(2) P. Marre : *Le Lodévois*, 116. (Bull. soc. Languedoc de Géographie,
t. 47).
(3) *Idem.*

des têtes se nourrit de pur froment et les autres 2/3 de mixtures faites avec du froment, seigle, orge ou palmoule » (1).

L'infertilité générale du pays est bien une cause de disette. « En allant du Caylar à Navacelles, dit Genssane (2), il n'y a dans ce pays que les environs des villages et hameaux qui soient cultivés et encore on n'y rencontre pour l'ordinaire que du seigle. » Et si l'on obtient quelques grains, dit le sieur Boyer, c'est à cause « de l'industrie des habitants qui en amoncelant les pierres mouvantes dont le pays est couvert et celles qu'on arrache journellement forment des champs de moyenne production.»

De plus, quand le grain manque, toutes les rentes en nature toujours payables, aggravent la misère générale ; en temps ordinaire même, certaines communautés n'ont pas assez de blé (3), c'est le cas pour Roquefort, quand on a prélevé « les censives seigneuriales, les locatairies des étrangers et le produit des domaines nobles de Moussac, Salès et Pradeilles qui contiennent les meilleurs sols » (4).

2. — Les pâturages et les animaux (5).

L'élevage, en revanche, est la grande richesse du Larzac. D'après Marcorelles (6), on compterait dans cette région 150.000 bêtes à laine, mais à s'en tenir au seul plateau, ce chiffre est fortement exagéré. En 1781, on compte à la Cavalerie, environ 8.000 moutons ; il y en aurait eu jusqu'à 150.00 ; il y en a 5.000 à Sainte-Eulalie ; 3.800 à Cornus ; on en compte 1.500 à Sauclières l'hiver, l'été il en vient davantage. Le gros bétail est aussi

---

(1) Archives Départementales de l'Hérault, C. 47.
(2) Genssane : *Histoire naturelle du Languedoc.*
(3) Voir Enquête de Mgr de Circé publiée par M. Lempereur.
(4) Archives Départementales de l'Aveyron, C. 1546.
(5) Archives Départementales de l'Aveyron, C. 1546, sauf indication contraire.
(6) Marcorelles, 1753 : *Mémoire sur le fromage de Roquefort.*

fortement représenté : à la Cavalerie, il y a 200 paires de bœufs ou vaches et 100 paires de chevaux de labour ou mulets ; il y aurait 300 bêtes de labour à Cornus et 370 à Sainte-Eulalie.

Certes, l'espace ne manque point pour tant de bêtes : dans le canton du Caylar, sur 22.637 hectares, 18.300 ne sont propres qu'à la pâture ; et sur les 4.332 hectares classés comme labourables, 1.500 au moins sont en jachère chaque année. Pareilles étendues, inutilisables pour les petits propriétaires, tentent les capitalistes : Arthur Young passant à Saint-Maurice a vu d'immenses troupeaux ; un seul habitant aurait 3.000 moutons répartis en 4 ou 5 troupeaux (1). D'ailleurs, tous les témoignages sont unanimes à reconnaître la qualité de ces herbes. Marcorelles même surenchérit : « Il est des quartiers dans ce pays et souvent dans la même paroisse où les herbes sont plus suaves, plus odoriférantes, aussi lait et viande sont-ils meilleurs ».

« D'avril à fin novembre, ajoute-t-il, les troupeaux restent dehors jour et nuit, car dedans ils n'ont d'autre nourriture que la paille. » Et Young confirme : « Pendant la saison des neiges, ils vivent de paille. »

La caractéristique de cet élevage est en effet l'absence complète de fourrages pour l'hiver, faute de prairies naturelles : Au Caylar, sur 2.208 hectares, on trouve 1 hectare de prairies ; 2 hectares à Saint-Michel sur 2.539.

Mais à Sorbs (2033), au Cros (2.245), à la Couvertoirade (6.118), il n'y a pas un seul hectare de prairies. Il faut descendre près des sources du vallon, comme à Sainte-Eulalie, et encore les prés y sont-ils très rares. A Saint-Maurice, sur 6.763 hectares, 9 hectares 67 de prés trouvent place au fond des gorges de la Vis. On en compte un peu plus aux bords de l'Ergue : aux Rives (55 h.) ou à Pégairolles (134 sur 3.213).

Mais même dans les endroits privilégiés, le rendement reste insuffisant : à Saint-Rome, la sétérée de Millau produit 12 à 15 quintaux ; à Roquefort on fait une seule fauchaison. A Cornus,

---

(1) Arthur Young : *Voyage en France*, III, 61.

la meilleure qualité de prés arrosée produit 40 quintaux, mais il n'y en a que 15 sétérées ; la deuxième qualité produit 30 quintaux, la troisième qualité est formée des prés du Causse qui ne produisent rien, si le temps est sec. Enfin, à Nant, dans la riante et fertile vallée de la Dourbie, où les fruits pourrissent faute de débouchés, les meilleurs prés donnent 25 à 30 quintaux, la deuxième fauchaison donne 6 à 8 quintaux.

Cette absence à peu près complète de nourriture pour l'hiver ne permet que certain type d'élevage. C'est elle qui détermine l'usage des bœufs ou des mulets pour les labours ; si le bœuf est préféré dans la vallée pour la puissance de son travail, une nourriture substantielle est la récompense de ses efforts ; le mulet, mangeur de paille, plus sobre même que le cheval a les préférences du caussenard ; seules, les grandes fermes peuvent se permettre l'usage des bœufs, car au bout de 3 ou 4 ans, il faut les changer avec 30 à 60 % de pertes. Parfois la nécessité rend ingénieux : sur le Causse Noir où les terres plus infertiles encore ont besoin de bons engrais pour produire quelque récolte, on laboure avec les bœufs.

Mais le paysan se rattrape en élevant les mulets qui mangent paille et avoine, nourriture du pays : on en achète une vingtaine de 18 à 30 mois en Auvergne et dans le Poitou pour 10 à 15 louis, on les revend à 3 ou 4 ans au Larzac ou en Languedoc pour 20 à 28 louis. On en élève aussi une vingtaine de petits qui s'achètent 100 livres et se revendent à 3 ans 150 à 200 livres.

L'élevage intensif reste la règle pour les bêtes à laine : sur 150 mille, on compte à peine 50.000 brebis, et encore sur ce nombre beaucoup n'ont d'autre fonction que la reproduction de l'espèce. Les troupeaux passent toute la belle saison dehors parfois sous la garde d'un berger commun ; la nuit, ils couchent dans un parc commun clos de murs, dit « le jas ». Pourtant le chroniqueur note avec étonnement que l'on soigne ces troupeaux « avec une attention toute particulière ; l'hiver on ne les fait sortir que le jour et même quelque temps après le lever du soleil : la gelée si ces animaux en trouvaient, leur donnerait un flux au ventre

et les rendrait pesans » (1). On donne un peu de foin aux agneaux
seulement et aux moins avancés, aux moins forts d'entre eux ;
ceux qui sont sevrés depuis peu reçoivent tous les 15 jours une
ration de sel et de soufre par quantités égales, pour les dédom-
mager de la privation de lait. Aux champs, on évite soigneusement les pâturages humides qui causent des maladies mortelles.
Tant de soins ont sans doute pour but la sauvegarde du troupeau, mais aussi la production du lait en vue du Roquefort ;
la quantité de lait varie en effet très sensiblement selon la rigueur du temps, les intempéries de l'air et elle est différente
selon les saisons. Année commune, la traite, des premiers jours
de mai à la mi-juillet va à 3 quarts de livre par jour, c'est un
maximum, vite perdu si la saison est en retard, les pluies abondantes, ou le temps froid.

Tout près de Roquefort, à Saint-Georges, il y a très peu de
moutons, les paysans du Larzac les achètent et les engraissent
pour le Languedoc ; il n'y a d'ailleurs que 1.540 brebis, car on
trouve insuffisant un produit net de 35 à 40 sols. Les paysans du
plateau ne sont pas de cet avis : un troupeau de 100 brebis
donne, avec beaucoup de soins, 10 à 15 quintaux de fromage
payé par les négociants de Roquefort à raison de 30 à 33 francs
le quintal. A Sainte-Eulalie, en 1779, un particulier avec 70 brebis a fait pour 824 livres de fromages, plus 1 quintal pour lui ;
il a vendu chaque agneau 2 livres 10 et la laine de chaque brebis
2 livres, ainsi il a eu un revenu de 16 livres par tête environ
dont plus de 10 livres rien que pour le lait.

Le calcul est le même à l'Hospitalet où les brebis assurent
un revenu de plus de 10 livres sans compter l'agneau ni la laine
qui se vend 60 livres le quintal aux marchands de Lodève.

Ainsi l'opinion générale est très nette : de tout le Rouergue,
c'est aux environs de Roquefort que l'élevage est le plus rémunérateur.

Mais l'élevage intensif est nettement en décadence. A la Cava-

---

(1) Marcorelles : *Mémoire sur Roquefort*, 1753, p. 10.

lerie, où il y a à peu près de 6 à 8.000 moutons, les vieux racontent que « de leur temps », il y en eut jusqu'à 15.000. Les personnes influentes assurent que si les manufactures de Saint-Félix et de Sévérac sont tombées, c'est faute de matière première et non de débouchés. L'Inspecteur de Clermont-Lodève observe « qu'il manque dans la province au-dessus de 1/3 des bêtes à laine » (1).

La crise de l'élevage continuant, on se plaindra (2) de n'avoir plus assez de fumier, aussi « les récoltes sont très médiocres, d'où il suit que la plupart de nos paysans sont hors d'état de payer leurs charges et qu'une partie de nos terres restent en friche ». Les avances faisant défaut, on ne peut rien innover «car la récolte est trop peu abondante, pour indemniser le propriétaire » (3).

On ne discerne pas nettement les causes de cette diminution des troupeaux. La plupart accusent l'esprit de routine du paysan. Le sieur Belmas de Narbonne s'étonne de la malpropreté sans égale des bergeries (4). L'Inspecteur Holker (5) note que les bergeries sont en général étroites et hermétiquement closes pour éviter les courants d'air ; on n'enlève le fumier que tous les 10 à 15 mois, et les bergeries sont si chaudes, « l'air y est tellement chargé de sel de nitre que quand les moutons sont sortis pendant tout le jour et qu'on veut y rentrer, il est impossible d'y rester une minute sans que les yeux soient attaqués... ce qui fait juger de ce qui en est quand les moutons y sont restés deux ou trois heures » (6).

Parfois les critiques sont poussées jusqu'à l'absurde.

---

(1) Dutil : Op cit., p. 244.
(2) Archives Départementales de l'Hérault, L. II B. Cf. P. Marre, Op. cit., p. 125.
(3) Marre, Op. cit., p. 125.
(4) Dutil, Op. cit., p. 246.
(5) Dutil, Op. cit., p. 246.
(6) La situation est absolument semblable : si Holker revenait au monde, il verrait encore la buée condensée au plafond retomber en gouttellettes de suint sur les toisons. Or un progrès énorme a été réalisé dans le rendement.

Le subdélégué de Narbonne affirme que l'on enferme les brebis la nuit de peur qu'un orage imprévu ne rende la laine plus légère, et pour la même raison, croit-il, on ne les sort pas s'il vient à pleuvoir.

Le paysan ignore toutes ces ruses ; s'il ne mouille pas ses brebis, c'est uniquement pour avoir la même quantité de lait le lendemain, mais certaines de ses roublardises lui ont valu l'animosité des marchands du pays Bas ; si la laine doit être enlevée de suite, la veille de la tonte on laisse les brebis dedans, afin que la sueur rende la toison plus lourde (1), si non il lui suffira d'ouvrir les fenêtres au bon moment et avec l'aide du vent marin le résultat sera semblable ; aussi tous les crimes lui sont imputés : Ne l'accuse-t-on pas d'enduire le bétail d'huile grasse, afin que la poussière rende la toison plus lourde ? (2).

D'autres incriminent les bêtes féroces ; il est certain que les loups furent jadis nombreux, il y avait même une race spéciale de chiens pour défendre les troupeaux (3); aux environs de la Blaquairerie, de vieilles bergeries à machicoulis ne laissent aucun doute sur leur existence ; A l'époque qui nous intéresse, aux environs d'Alès, on estime que la perte est du 1 /15 des troupeaux ; 20 communautés du diocèse de Montpellier ont formé des syndicats d'assurances (4). Les choses doivent être mises au point : la preuve de la rareté des loups, c'est le silence général des documents et la multitude même des petits troupeaux. D'ailleurs les sangliers abondent dans les bois ; le vulgaire assure que leur présence exclut celle des loups ; pour être juste, l'affirmation devrait être renversée : les loups sont friands des marcassins : où vivent les premiers, les seconds ne peuvent grandir.

Les morsures des vipères constituent un danger plus redoutable ; certaines années, le pays en est infesté. A Saint-Michel, elles envahissent les maisons au point qu'on ajoute leur nom à celui du village : Saint-Michel-des-Serps.

----

(1) Marre, Op. cit., p. 121.
(2) Marre, Op. cit., p. 121.
(3) Affre, *Dictionnaire des Institutions, mœurs et coutumes du Rouergue*. article loup.
(4) Dutil, Op. cit., p. 241.

La saignée, la ligature, la cautérisation sont pratiquées depuis longtemps, mais sans grands résultats. En revanche, on pratique partout, comme remède préventif, la multiplication de la volaille : le paysan a observé que si le reptile ne peut rien contre elle, celle-ci arrive aisément à le tuer à coups de bec.

Les maladies (1) des bêtes à laine sont assez nombreuses : l'échauffement qui provient des fermetures hermétiques ; le gani est la maladie donnée par l'herbe humide, le troupeau périt dans les trois mois ; après le sevrage les agneaux sont atteints du morfondement ; la goutte siège par les temps secs ; la gale, le gonflement, le tournis, la picotte, etc., etc...

Or, le savant vétérinaire de Lodève n'a point de travail. Ses compatriotes accusent l'esprit de lésine du caussenard. En réalité, on sent ici une fois de plus, l'action rémunératrice de Roquefort ; le paysan fait ce qu'il peut pour soigner ses bêtes. « Aussi, dit Marcorelles (2), les bêtes à laine du Larzac ne meurent guère que de vieillesse, tandis que dans les autres parties du Rouergue et du Languedoc... elles ne vivent que deux ou trois ans et meurent presque toutes de maladie ».

Ceci permet d'apercevoir la cause profonde de la diminution des troupeaux ; l'exploitation agricole commence à s'orienter vers la production du lait, le paysan s'efforce d'avoir moins de bêtes pour en tirer plus de profits.

Mais pourquoi l'état sanitaire du troupeau est-il satisfaisant en dépit de l'hygiène lamentable et d'une nourriture hivernale composée uniquement de paille ?

Parce qu'on leur donne des rations de sel, l'expérience a montré que les bêtes à laine sont plus belles, produisent plus, et sont réfractaires aux maladies ; le sel est à la fois préservatif et stimulant ; on donne un peu de sel aux brebis quand elles sont renfermées, mais rarement ; on leur en donne davantage quand elles restent en plein air ; un troupeau de cent agneaux doit recevoir

____

(1) Archives Départementales de l'Hérault, C. 47.
(2) Marcorelles, Op. cit., p. 28.

8 livres de sel par mois ; 6 livres pour cent brebis, et seulement 5 livres pour cent moutons ; de plus, on ne laisse boire les bêtes que 5 heures après avoir mangé le sel, on tâche surtout de leur en faire consommer après les brouillards de juillet et août.

Si la première traite après la consommation du sel est de peu de produit, les suivantes, surtout la deuxième et la troisième, dédommagent amplement.

Malheureusement le sel est cher et l'administration tracassière : à Sainte-Eulalie, à la Cavalerie, partout on se plaint que les misérables ne peuvent en acheter ; aux bords de la mer, tantôt on permet aux troupeaux de rentrer dans les étangs, mais à condition que les bergers ne se baissent point (1) ; tantôt on refuse même cette tolérance de peur que « le roi ne partage les pertes, si la ferme en faisait » (2). Les choses les plus innommables sont vendues sous le nom de sel (3) ; en 1689, il est recommandé aux inspecteurs de s'assurer si le sel de chaque grenier ne contenait pas un mélange de sel, de salpêtre, fiente de pigeon, etc. Sur le Larzac, l'établissement des verreries permet à certains particuliers, de distribuer du sel de verrerie, mais les troupeaux maigrissent considérablement, perdent le lait, la laine est brûlée et de mauvaise qualité (4).

Le sel de la ferme vient des salines de Peccais, mais la contrebande alimente aussi le paysan. « Dans le diocèse d'Ales et de Limoux, la cause du désordre est la nécessité de donner du sel aux bestiaux ; ils se trouvent obligés de chercher du sel à bon marché et à tout risquer pour en avoir ». Le Rouergue faisait partie des petites gabelles où l'impôt était moins lourd, mais la proximité de la frontière des deux provinces entraîne une contrebande effrénée, des bagarres ont lieu à Millau en 1773 à propos de l'arrestation d'un hôtelier (5). Souvent l'admi-

---

(1) Dutil, Op. cit., p. 254.
(2) Archives Départementales de l'Hérault, C. 2846.
(3) Saint-Quirin : *Les verriers du Languedoc.*
(4) De Basville An C. 7306.
(5) Artières : *Millau du XVIe siècle à nos jours.*

nistration est impuissante ; le directeur des Gabelles (1) écrit à ses supérieurs : « Je me trouve obligé de représenter encore à la Compagnie que si elle continue à m'envoyer les brigadiers de Paris, jamais le faux saunage ne finira... le pays est trop rude et les gens qui viennent de la plaine n'y sont point propres. »

Les employés des gabelles eux-mêmes ne sont pas au-dessus de tout soupçon ; dans un mémoire du 4 mars 1710, on les accuse « d'avoir intérêt aux faux saunage par les accommodements qu'ils font avec les coupables. »

A un autre point de vue, un animal qui occasionne plus d'embarras encore, c'est la chèvre. A quelques siècles d'intervalle, il est amusant de relire dans les archives des mairies, la guerre acharnée qu'on leur faisait pour la sauvegarde des bois : « chaque chèvre, dit le proverbe, emporte tous les jours une charretée de bois sur ses cornes ». La municipalité de Roquefort notamment ne peut pas prendre un seul arrêté de police rurale sans que les chèvres n'y soient mêlées. A la Couvertoirade (2), le 4 juillet 1683, les consuls convoquent « la plus sayne et la majeure partie de la population : devant la porte du Nord pour délibérer sur le trop grand nombre de chèvres et chevreaux qui taillent et broutent les arbres » et « mangent les blés ». Il fut défendu de tenir plus de 20 chèvres par livre de compoix. Cette délibération enseigne que ce sont les pauvres qui ont des chèvres par troupeaux entiers. Elle permet même de déterminer déjà sur le Larzac, l'existence de deux classes sociales très distinctes : les possesseurs de brebis et ceux qui n'en ont point. L'abondance des chèvres s'explique très facilement : ce sont les seuls animaux qui rapportent chaque année le capital ; leur lait très abondant peut se transformer en « cabecous » qui se mangent frais ou se conservent pour l'hiver ; leurs cornes sont recherchées par les fabri-

---

(1) A. N. C., 7309. On sait que l'administration des Gabelles était organisée sur les mêmes principes que la régie d'aujourd'hui ; ainsi s'explique cette phrase du Directeur qui vu les difficultés du pays, demande une brigade spéciale.
(2) Archives Paroissiales : *La Couvertoirade Caubel, Bull. .Paroissial.*

cants de boutons, leur peau, bien préparée, fournit d'outres tous les voituriers de la région. Leur chair, convenablement salée, est la nourriture accoutumée.

Pourtant les Etats du Languedoc en demandent la suppression et un arrêt du 29 mai 1725 ordonne à toutes les chèvres de sortir de la province, sauf dans quelques communautés extrêmement rares. Le 27 mars 1748, l'intendant Lenain renouvelle un premier arrêté : les chèvres prises la première fois auront un jarret coupé ; en cas de récidive, 200 livres d'amende au propriétaire et confiscation.

En 1753, nouvelles défenses ; en exécution de ce dernier arrêt, Jacques Serieys, fermier du Cros, qui avait 160 chèvres, s'en défit, en gardant pourtant 7 à 8 chevreaux — 5 à 6 assure le prieur — qui ne purent suivre la troupe et destinés d'ailleurs à être mangés par les domestiques. Mais, un beau jour, tandis que les chevreaux buvaient à la mare près Saint-Michel, les gendarmes arrivèrent et dressèrent procès-verbal... Ce soir-là, les cavaliers et la maréchaussée saisirent en tout 361 chèvres, dont 350 au seul fermier de la Prade. Malgré les supplications de Serieys, malgré les instances de son prieur, le 26 août 1753, les 361 chèvres furent condamnées à avoir un jarret coupé. Quelques adoucissements furent apportés l'année suivante. Certaines communes et hameaux eurent le droit de tenir un certain nombre de bêtes qui devaient paître sur un territoire déterminé : La Vacquerie, par exemple, eut droit à 60 chèvres pour 550 sétérées ; Saint-Michel à 70 pour 776 ; Sorbs et Latude à 120 pour 3480 sétérées. Le Cros, déjà cité, devra se contenter de 170 têtes pour 4640 ; Saint-Maurice, de 250 bêtes pour 9700 sétérées, etc... (1).

En somme, c'était déjà le régime forestier qui commençait.

Le maximum fixé est d'ailleurs trop élevé ; Richeprey note à la fin du siècle qu'il faudrait au plus 1 chèvre par paire de la-

---

(1) Archives Départementales de l'Hérault, C. 3742. L'administration d'ailleurs ne perdait pas de vue l'arrêté de 1753, 6 ans après, un propriétaire du Puech, commune perdue dans un recoin du Causse, recevait l'ordre de se défaire de ses bêtes sous quinzaine. Cet arrêté venait de Montpellier.

bour. On ne saurait mieux avouer l'échec de l'administration des deux provinces. Les chèvres disparaîtront seulement quand le paysan y trouvera son intérêt : le jour où Roquefort devenu assez puissant exigera de ses fournisseurs la suppression des chèvres dans les troupeaux.

Il existait enfin un autre mode d'utilisation du sol par les troupeaux : la transhumance (1). Elle est locale, quand les troupeaux du vallon montent l'été sur les communaux de leur village ; elle est régionale quand les troupeaux de Nonnenque vont passer chaque année quelques mois à la Salvage ; elle est interrégionale quand les troupeaux du bas Languedoc montent sur le causse par les chemins spéciaux appelés Drailles. Les Drailles sont elles aussi locales, régionales ou interrégionales. La dernière catégorie seule nous intéresse.

On sait l'importance de ce courant formidable qui, chaque année, draînait les moutons vers les Cévennes par centaines de mille (2). Aux environs de Montpellier, une série de petites artériolles conduisait les troupeaux à Ganges par la Séranne, Saint-Martin ou Hortus ; de Ganges partaient deux grandes voies : la première aborde les Cévennes à Pont-l'Hérault et le Cap de Coste par une large rayure visible de Montpellier à 50 km. va à l'Espérou, le Causse Méjean, la Causse de Sauveterre, passe le Lot à la Canourgue, gravit le Montausset et de là se dirige d'un côté sur l'Aubrac et le Cantal et de l'autre atteint le Plateau de Prunelière.

La deuxième Draille va vers le Mont Lozère et la Margeride.

Le Larzac, on le voit, reste bien à gauche de la première draille. Mais dans quelle mesure a-t-il participé à la transhumance ? Il est difficile de répondre à cette question quantitativement : on sait seulement qu'un droit était perçu à la Cavalerie et à la Couvertoirade sur les transhumants (3). Mais la recon-

---

(1) Archives Départementales de l'Aveyron, C. 1546.
(2) Rouquette : *La Transhumance en Bas-Languedoc.*
Gèze : *Les Drailles.*
(3) Archives Paroissiales : *La Couvertoirade Caubel,* Op. cit.
En 1780, des troupeaux vont estiver à Saint-Guiral.

naissance sur place des chemins suivis permet d'affirmer l'existence de trois drailles répondant à deux courants principaux. De Ganges, centre de ralliement de tous les troupeaux transhumants du Languedoc, une grosse draille part vers Sauclières, passant par Blandas et Valjuille. Mais, à Sauclières, elle rencontre une autre draille venue celle-là de la plaine de l'Hérault, passant par la Vacquerie, Sorbs, Le Luc et entrant sur le territoire de Sauclières à la Barrière (Route d'Alzon). Là, les deux drailles n'en forment qu'une qui suit la crête séparant le Gard de l'Aveyron et va aboutir à Saint-Guiral. Elle a 10 mètres de large actuellement. Une troisième draille enfin vient de Lodève par le Caylar, la Couvertoirade, le Bousquet, passe au « cami de la draille », traverse la voie ferrée, la route nationale, passe par Saint-Guirallou, continue sur la crête des vallées de Saint-Jean-du-Bruel et va aboutir comme la première à la Croix de l'Ermite près du rocher de Saint-Guiral. Elle a 6 mètres de large.

Au XVIIIe siècle, cette question semble avoir perdu beaucoup de son importance. Par un phénomène que nous étudierons plus loin, le Larzac devient peu à peu un centre d'immigration. Le transhumant doit céder la place au mouton indigène. Et parfois il faut rationner la consommation de ce dernier. Le 24 juin 1702 (1), devant le portail haut de la Couvertoirade, le Premier Consul expose l'objet de la réunion :

Plainte a été portée contre plusieurs habitants qui s'efforcent de tenir « grande quantité de bestial plus que leur blez n'en peut porter ». Il fut décidé que chaque contribuable pourrait tenir 20 bêtes à laine par livre d'impôt porté au compoix. Le contrevenant devra payer une amende de 22 sols par tête : Une autre cause, d'ailleurs, s'oppose au développement de la transhumance : c'est la croissance continuelle de la production laitière qui exige la stabulation du troupeau. Et si, en 1928 (2), on remarque que dans la grande draille du Mont Lozère il passe

---

(1) Archives Paroissiales : *La Couvertoirade Caubel*, Op. cit., p.
En 1780, des troupeaux vont estiver à Saint-Guiral.
(2) Gèze : *Les Drailles*.

40 fois plus de moutons que dans la draille des causses et de l'Aubrac, c'est uniquement parce que la région que dessert cette dernière est presque entièrement soumise à l'industrie du Roquefort.

3. — Frais de culture. — Prix. — Valeur du sol (1)

A la Cavalerie, on travaille les terres de deux façons. La première façon est de cultiver, la première année, en froment ; la deuxième, en palmoule ou vesces ; la troisième en jachère ; on fauche alors l'herbe qui y pousse. Ce n'est pas la plus mauvaise production ; on laboure une quatrième fois après avoir fumé à nouveau pour y semer du froment. La deuxième manière consiste à semer la première année en froment après avoir fumé ; la deuxième année, en palmoule mêlée de trèfle ; la troisième, on fauche le trèfle ; la quatrième, on fauche à nouveau pour recommencer.

I. Première méthode : Première année : froment.

Il faut pour chaque sétérée composée de 740 cannes carrées, quatre labours ; pour le premier labour, 2 journées de bœufs ou mulets : à 1 livre 10 sols la journée, soit 3 livres ; deuxième labour, 1 journée ½ = 2 l. 5 sols ; Troisième labour, 1 journée = 1 l. 10 ; quatrième labour, autant, soit 1 l. 10 ; 20 charretées de fumier à 1 l. 10 la charretée, soit 30 l. Pour la semence, 1 sétier pesant 128 l. valant 10 l. le sétier, soit 10 livres. Une journée ½ de femme pour javeler à 12 sols : 18 sols. Un peu plus d'une journée pour moissonner = 2 livres. Total : 51 livres 13 sols.

Récapitulation des produits : première année : 60 livres ; deuxième année, 40 ; troisième année, 28. Total du produit, 136 l., dîme comprise. Il faut en déduire le 1/5 pour cas fortuits, soit 27 l. 14 ; il reste 108 l. 16.

---

(1) Archives Départementales de l'Aveyron, C. 1546, sauf indication contraire. Il s'agit des années 1779-80.

Frais de culture : première année, 51 l. 3 sols ; deuxième année, 15 l. 10 sols ; troisième année, 2 livres. Total : 68 l. 13 sols.

Produit net pour 3 ans : 40 livres 7 sols.

Produit net pour chaque année : 13 l. 8 sols.

Seconde méthode, premier degré.

Première année : frais, 51 l. 3 sols ; produit, 60 livres ;

Deuxième année : frais, 15 l. 10 sols, plus un labour de 1 journée à 1 l. 10 ; pour préparer la terre, 10 sols. La graine coûte 12 sols la livre ; il en faut 8 livres pour une sétérée, soit 4 l. 16 sols. Total, 22 l. 6 sols. Produit : il n'y a encore que de la palmoule : 48 l.

Troisième année, frais : fauchaison du trèfle à 1 l. 10 = 1 l. 10 ; fenaison, 15 sols. Total : 2 l. 15. Produit, 15 quintaux à la sétérée à 2 f. le quintal = 30 l.

Quatrième année : frais de fauchaison : 1 l. 10 ; fenaison, 10 sols. Total, 2 livres. Produit, 8 quintaux seulement, soit 16 livres.

Totaux : Produits, 144 livres, moins 30 l. 16 sols pour le 1/5 des profits et pertes = 123 l. 4 sols.

Frais : 77 l. 14.

Net : Total : 45 l. 10 sols.

Par année, 11 l. 7 sols, 6 deniers.

II. — Les terres du second degré sont calcaires comme celles du premier ; elles sont moins profondes, exigent plus de travail, il faut les épierrer. L'herbe est moins nourrissante et moins abondante ; on ne peut que la faire manger aux bestiaux. Elles craignent la sècheresse. Elles sont généralement en plaine ou dans les gorges élevées, on les entoure de murailles. La dîme y est du 11 — un.

Première année : seigle.

4 labours, même quantité de semence, mais moins chère, soit 8 l. le setier. Les frais se monteront donc à 49 l. 3 sols ; la paille payant le port des gerbes et la dépiquaison. Produit : un setier en donne 6 soit 48 l.

Deuxième année : Avoine : Même frais que pour la palmoule

du 1er degré. Il faut en distraire deux livres pour le prix du setier d'avoine qui ne vaut que 4 l. le setier, tandis que la palmoule vaut 6 l. Le total des frais monte à 13 l. 10 sols (contre
15 l. 10 sols). Produit : 8 pour 1 à 4 l. le setier, soit 32 l.

Troisième année : jachère ; Frais, o ; Produit : pâture à bestiaux = 8 l.

Quatrième année : seigle : on ne laboure que trois fois au
lieu de 4. Il ne faut donc que 4 journées de bœufs qui monteront
à 1 l. 10 sols par journée, soit 6 l. Pas d'engrais. Semence := 1
setier à 8 livres. 1 journée et un peu plus pour moissonner = 2 l.
La paille paye les autres frais. Total : 16 livres. Produit : 5 pour
1, soit 40 livres.

Cinquième année : repos.

Récapitulation : Total des produits dans 5 ans : 132 l. moins 1/5
= 105 l. 12 ; total des frais : 78 l. 13 sols. Net : 26 livres 19 ;
par année, 5 l. 8 deniers.

III. — Terres du troisième degré.

Ce sont des terres profondes, pierreuses, le rocher affleure.
La mesure est toujours de 740 cannes carrées.

Première année : seigle : trois labours nécessitant 4 journées
à 1 l. 10, soit 6 l. ; 12 charretées de fumier à 1 l. 10 = 18 l., ;
1 carte de semence à 2 l. la carte = 6 l. ; moisson, 2 l. ; total,
32 l. ; produit, 5 pour 1, soit 15 quartes à 2 l. = 30 l.

Deuxième année : avoine : 2 labours, au total, 2 journées, soit
3 livres. Pas de fumier. Il faut 3 quartes d'avoine à 1 l. la quarte
= 3 l. Moisson, 1 livre. Total, 7 livres. Produit, 5 pour 1, soit
15 quartes à 1 l. = 15 l.

Troisième année : jachère : Pas de frais ; pâture, 3 livres.

Récapitulation :

Produit total : 48 l.

Frais : 30 l.

Net : total, 9 l. ; par année, 3 livres.

IV. — Terres du quatrième degré.

Ce sont les terres très sèches, peu profondes, éloignées des
habitations, difficiles à travailler.

Première année : seigle. Deux labours et 2 journées par labour, soit 6 l. ; 2 quartes de semence, 4 l. ; total, 10 l. Produit : 3 pour 1, soit 6 quartes = 12 l.

Deuxième année : avoine : frais : 2 labours, 2 journées à 1 l. 10 = 3 l. ; 2 quartes de semence à 1 l. la quarte = 2 l. ; total : 5 l. Produit : 3 pour 1, soit 6 quartes à 1 l. = 6 l.

Troisième et quatrième année : jachère ; pâture = 3 livres.

Récapitulation : Produit total, 21 l. ; frais, 15 l. ; produit net, total : 6 l. ; annuel : 1 l. 10.

A Cornus, blotti au sommet du vallon de la Sorgue, les frais de-culture changent un peu à cause de la nature argileuse du terrain, mais les prés procurent une richesse inconnue sur le plateau.

Terres du 1er degré : Produit net : 35 l. et par an : 11 l. 15. (Première année : froment ; deuxième année : mixture ; troisième année : repos).

Terres du deuxième degré : 1° froment ; 2° mixture ; 3° repos. Produit net : 25 l. 5 ; par année : 8 l. 15.

Terres du troisième degré : mêmes cultures. Produit net : 15 l. ; par année, 5 l.

Terres du quatrième degré : Froment de deux années l'une. Produit : 1 l. 15. Détail : 11 sols 6 deniers.

Prés : 3 degrés.

1er degré : 1 journée 1/4 pour faucher à 1 l. 10 = 1 l. 17 sols 6 deniers ; 1 journée pour faucher les deuxièmes herbes = 1 l. 10 : Frais divers, au total, 8 l. 14 sols 6 deniers. Produit : 50 quintaux la première coupe et 12 quintaux ½ la deuxième à 1 l. le quintal = 62 livres. Produit net : 53 l. 15 sols 6 deniers.

IIe degré : Un tiers en moins soit 36 livres environ.

IIIe degré : Les 4/5 en moins que le premier soit 10 à 12 livres.

Les Prix. — Les denrées subirent au XVIIIe siècle, des fluctuations énormes : le setier de seigle valant 3 livres dans la première moitié du XVIIIe siècle se vendait 11 l. en 83 et 10 l. 5 sols en 85. Ballainvillers (2) se plaint déjà de la vie chère.

---

(1) Archives Départementales de l'Hérault, C. 47.

Le setier de froment pesant 120 livres vaut 13 livres 10 sols ;
les 100 livres de palmoule valent 10 l. ; les 80 livres d'avoine
valent 7 l. les 100 livres de millet = 7 livres.

La première coupe de fourrage vaudrait 3 livres le quintal ;
la deuxième et les autres de 2 à 5 l. La paille vaut 5 à 10 livres.

En cas de bonnes récoltes, les prix devraient baisser du quart.
Sur la montagne, les journaliers sont payés 20 sols, 25 au printemps ; 35 à la moisson. Le prix en est un peu plus bas dans la
plaine. Les pages précédentes concernant les frais de culture
en 1779 donnent quelques côtes : 1 journée de faucheur =
1 l. 10 ; 1 journée de labour, 1,10 ; une journée de femme pour
javeler, 12 sols ; 1 charretée de fumier, 1.10 ; 1 journée de moisson, 1.15 ; le seigle, 8 l. le setier ; le setier de 128 l. de froment,
10 l. ; 1 setier avoine, 4 l. ; 1 setier palmoule, 6 l. ; la livre de
graines de trèfle, 8 sols ; le quintal de trèfle, 2 l. Les prix qui
suivent sont extraits de fermage de Caussanus en 1783 (1) ; on
constate une différence très sensible pour les grains sur les
prix donnés plus haut ; mais elle est due, sans doute, moins à
une augmentation du prix de la vie qu'à une différence dans
les mesures : 1 setier de légumes secs = 16 l. 10 ; 1 cochon de
3 mois, 7 l. 10 ; 1 mouton de 3 ans, 10 l. ; 1 chapon, 25 sols ;
1 poulet, 10 sols ; 1 quintal de fromage de Roquefort, 50 l. les
100 l. ; une charretée de paille, 9 l. ; 1 charretée de foin, 18 l. ;
1 livre de cire, 1.10 ; le cent d'œufs, 40 sols ; 1 pigeon, 10 sols ;
1 journée de bœufs sans nourriture, 3 l. ; 1 agneau, 2 l. ; 1 livre
de poivre, 30 sols ; le minot de sel (51 litres), 30 sols ; 1 cochon
gras, 25 l. etc.

A peu près à la même époque, le quintal de vin vaut 3 l. ; de
chanvre, 4 l. ; le setier d'amandes, 12 l. 10 sols ; la balle de
chanvre, 250 l. A Millau, d'après M. Artières (2), la journée de
travailleur pour fouir les vignes valait 18 sous, vie non comprise. Le pain blanc valait 1 sol 6 d. la livre ; la viande de mou-

---

(1) Archives Départementales de l'Aveyron.
(2) Artières : *Millau du XVIe siècle à nos jours.*

tons de 3 à 4 s. ; la brebis, 2 s. 6 d. ; le bœuf, de 2 s. ½ à 3 s. ...,
etc., etc. (1).

La crise du logement n'existait pas encore à Millau. Young passant à Ganges a rencontré des amis du Rouergue : ils « me pressèrent beaucoup d'aller à Millau : ils m'assurèrent que les denrées y étaient si bon marché, que je serais tenté de vivre quelque temps avec eux. Ils me dirent que je pourrais avoir une maison de 4 appartements, à plein pied, garnie, pour 12 louis et vivre dans la plus grande splendeur avec ma famille pour 1200 et même 600 louis » (2).

Valeur vénale du sol.

A Nant, la meilleure sétérée de terre à froment, s'estime 250 l. La meilleure qualité de vignes se vend au-dessus de 600 l. A Saint-Rome de Cernon, on constate que les fonds ont perdu les 2/3 de leur valeur par suite de la dépopulation et la misère générale. Sur le Plateau, au contraire, la valeur des terres labourables, est en accroissement : A Sauclières, la meilleure qualité des terres à froment = 150 l. La deuxième qualité = 80 livres. La meilleure qualité des terres à seigle : 100 livres. La deuxième qualité = 60 livres. Les terres qui ne se sèment que tous les 15, 20 ou 30 ans, valent 20 livres la sétérée. A la Cavalerie, les meilleures terres valent de 2 à 400 livres la sétérée ; leur valeur a doublé depuis 50 ans. En se basant toujours sur la sétérée de 740 cannes carrées et compte tenu de la dîme au 1/10, les terres labourables du deuxième degré valent 140 livres. Le prix en a doublé en 40 ans. Les terres du troisième degré se vendent de 80 à 110 livres ; le prix en a moins augmenté, la dîme est du 1/11. Les terres du quatrième degré valent de 40 à 60 livres.

Pour les pacages, on distingue 3 degrés :

Le premier degré est en plaine ; l'herbe y est bonne, petite et les chênes rabougris, à l'abri du vent, les chemins sont com-

---

(1) La laine des brebis du Larzac se vend 30 à 60 L. le quintal. La laine des brebis du Causse Noir se vend 40 à 50 L. le quintal. La laine des brebis de parties sablonneuses 35 à 45 L. le quintal.
(2) Arthur Young, Op. cit., p. 125.

modes. On les allivre 4 livres la sétérée, quittes de toutes charges.
Les herbages du second degré sont moins nourrissants : on les
vend de 40 à 50 livres la sétérée. Peu de ventes, peu d'affermes,
autrefois elles se vendaient presque moitié moins, soit 36 à 40
livres la sétérée.

Les pacages du troisième degré sont situés sur les pentes des
montagnes. Ils sont d'accès difficile et se dégradent continuelle-
ment. On les vend 30 livres la sétérée. On les afferme quelquefois
1 livre.

Enfin, dans les vallons, la meilleure qualité de prés se vend
400 livres.

Mais, d'une manière générale, il y a fort peu de ventes sur
le plateau, car les habitants ont moins d'intérêt à acheter, par
la facilité qu'ils ont de cultiver les communaux en payant la
quatrième ou septième gerbe, parce qu'ils ont surtout beaucoup
de bestiaux, qu'ils mènent paître dans ces communaux moyennant une modique redevance. D'ailleurs, l'aisance y est assez
commune sans qu'on y rencontre de grandes fortunes.

Aussi les biens se vendent à un plus bas prix que dans le
Ségala : ils ne se vendent qu'à 4 %, tandis que dans le Rouergue
on les achète à 2 ½ %. Cela prouve, non la misère, mais, au contraire, l'aisance générale (1).

Néanmoins, l'augmentation générale du prix du sol est digne
de remarque.

4. — Les charges du paysan.

On sait que la répartition de l'impôt foncier sous l'ancien
régime était basée sur une forme spéciale de cadastre, appelée
compoix contenant la liste nominative de tous les propriétaires

---

(1) C'est en effet du XVIIIe siècle que datent de si belles maisons de
ferme dans cette région.

àvec l'indication et le nombre de leurs parcelles.»Le compoix contient la table d'abonnement, c'est-à-dire les différents degrés de valeur des biens imposables.

L'examen de la table d'abonnement fait connaître les différentes assiettes de l'impôt. La plupart des compoix de notre région ont été composés ou réédités à la fin du XVIe siècle. Lors de la confection du compoix du Caylar (1687), il est prescrit que les répartiteurs estimeront les biens « en ayant égard à leurs fluctuations, rentes et revenus... lesquelles se régleront au denier vingt qui est de 5 %, faisant extraction du tiers de la dite rente pour la réparation des bâtiments... les 2/3 restant seront mis et alloués en compoix pour 100 livres de valeur et estimation 2 sols et ainsi à proportion le plus ou le moins ».

Le premier degré allivré de 2 à 16 sols est composé des meilleures terres autour des maisons : jardin « canabières, ferratjeals et hieres ». Les champs, devois et bouyssières sont cottisés sur les 9 degrés suivants, comprenant : a) le bon de bon, le moyen de bon, le faible de bon ; b) le bon de moyen, le moyen de moyen, le faible de moyen ; c) le bon de faible, le moyen de faible, le faible de faible.

Le bon de bon est allivré 8 sols 4 deniers par sétérée (1).

Le faible de faible 1 denier.

A Nant, le cadastre date de 1669 et est en bon état.

La table est divisée en 8 degrés, subdivisés en plusieurs autres : maisons, jardins et chenevières, prés, terres, vignes, châtaigneraies, pacages, moulins. L'allivrement des masures, fours est laissée à l'estimation des experts (2).

Maintenant que l'on connaît l'assiette de l'impôt, que penser de sa répartition?

-----

(1) La seterée du Caylar est composée de 625 cannes mesure de Montpellier, faisant 156 dextres 0/4, la seterée est composée de 4 cartes, la carte de 4 boisseaux.

(2) A Saint-Rome, le cadastre est de 1698. Table d'abonnement : jardins 4 degrés, près 5 degrés, vignes 4, terres labourées 8, bois 5, rivages 4.

A Roquefort, le cadastre date de 1670. Table d'abonnement : terres 9,

Il y a beaucoup d'exemples de domaines bien imposés. Notamment : le domaine de Bengouzal baillé à ferme par Jean Arnal de Cornus à Antoine Graille par acte du 1-8-74, le domaine s'était vendu en 1750 pour 22.000 livres.

Le prix de ferme : 1399 l.

Taille royale : 178 l., 3 XX°, 75 l. ; total, 253 l. L'impôt est un peu plus du 1/5.

On trouve quelques exemples de domaines peu imposés. Tel bail de Sauclières payant 199 l. de loyer, ne paye que 16 c. 10.8 d'impôt, soit le 1/12.

Enfin, il est assez fréquent de trouver des biens trop chargés. Un devois vendu 600 l. en 1740 paye 45 livres. A Saint-Jean, un devois de 60 l. payé 45 l. Tel domaine de la communauté de Millau a été affermé à Jean Coulon en 1775 pour 5 ans au prix de 460 livres.

Or, il paye un setier 3 quarts de froment comme censive à l'hôpital de Millau. La taille royale est de 204 l. 13 s. 10 d. et les 3 XX = 64 l. 0.7. Le total est de 268 l. 14 s 5 d. ; mettons de 280 en comptant la cense. L'impôt serait donc de plus de la moitié.

Un autre genre de charge grève le paysan : c'est la dîme et le champart (1).

A Sainte-Eulalie, le commandeur perçoit la dîme générale

---

prés 9, vignes 9, jardins et chenevières 5, maison 3, Basserous et patus 3, devois 9, bois et terres vaines 4.

A Cornus, 13 degrés subdivisés : maison, moulin, jardin, prés arrosés, non arrosés, terres labourables exemptes de champart dites aparra, terres à la 9e gerbe, à la septième, à la cinquième, terre franche avec pacage, terres franches avec pacages sujettes à la neuvième gerbe, à la septième, terres à pacage sujettes au quint et vignes.

A Sainte-Eulalie, le cadastre date de 1667 et 68. Table divisée en 8 degrés subdivisés : maison, basse-cour, aire dépicatoire, chenevière et jardin, pacages, rivages, prés, moulin.

A la Cavalerie, le cadastre date de 1662. La table d'abonnement est divisée en 3 degrés de maison, subdivisée en 13 autres, un degré de jardin divisé en 3 autres, 4 degrés de prés subdivisés en 3, subdivisés en 9; bois et pacages, subdivisés en 3 subdivisés en 9.

A Saint-Jean Saint-Paul, 4 degrés de jardin, 9 degrés de champs, 9 degrés de prés, etc...

(1) Il faudrait mentionner aussi le don du roi, les frais de levée, des soldats, les impositions pour les chemins, et impositions accessoires, etc...

sur toute l'étendue de la paroisse, à savoir : sur les terres appelées aparra qui sont d'anciennes inféodation à raison de 10-1,
sur tous les fruits et le carnelage ; celle de froment, seigle et
conseigle étant perçue en gerbe et au champ, celle des autres
grains et légumes à l'aire, celle du foin au pré et en monceau ;
celle des chanvres et lins aux chenevières au 1/10 et au mois de
mai, et la laine au 1/10 à la Saint-Jean et du fromage au 1/15
en septembre (1).

Il y a aussi un droit de prémice sur le froment à raison de
1 gerbe sur 60. Pour le champart, il est perçu en froment et
conseigle sur le champ, pour les autres grains et légumes au sol
et à l'aire à la mesure. Au quartier de Saint-Étienne, le prieur
de l'Hospitalet perçoit les dîmes à raison du XXe, tant sur les
terres dites aparra que sur celles soumises au champart.

Ici (2) la dîme générale est du 1/11, mais seulement sur les
aparra ; sur les champs soumis au droit de champart, il prend
la 1/4, 1/5 ou 1/7 gerbe. La dîme du froment et conseigle est
perçue sur le champ et les autres grains à l'aire et à la quarte.
Il y a un droit de prémice de 1 quarte froment pour chaque bœuf,
n'ayant rien à exiger de ceux qui ne labourent pas.

Là (3), on perçoit la dîme sur tous les grains, le foin et le carnelage ; celle du froment, seigle et avoine étant perçue sur le
champ et en gerbe et celle des autres grains à l'aire et à la mesure.
On prend un cochon de chaque portée. Le commandeur prend
la cinquième gerbe sur les communaux, outre une albergue
de 60 livres que lui paye la communauté.

Ailleurs (4), on perçoit la dîme de tous les grains, légumes
et carnelage au 1/10, excepté sur certaines terres de la Blaquairerie, Portalerie et Belvezet où on n'en perçoit qu'une partie
et qu'en divers endroits où le prieur de Saint-Caprazy perçoit
la dîme, le commandeur prenant après cette dîme le champart

---

(1) Archives Départementales du Gard : *Visite de la Commanderie*,
1762, communiqué par M. Baudouy Salze, La Baume, Montpellier.
(2) La Cavalerie.
(3) Le Viala.
(4) La Couvertoirade.

à la cinquième gerbe. Sur le terrain de la Salvetat, la **Pezade**
et Cazejourdes où la dîme est du 1/11, il prend, en outre, le prémice de tous les grains qui consiste au 1/7.

Le paysan est encore tenu à d'autres obligations. La première
est le moulin banal : à Sainte-Eulalie, le droit de mouture est du
1/20 ; au Viala, le tenancier paye 3 livres, moitié à Pâques, moitié à la Toussaint, pour moudre où il lui plaira.

A Tournemire, ceux qui sont éloignés n'ont rien à payer.

Pour « cuire », il faut se servir du four banal. A la Couvertoirade, le droit était du 1/30, mais le fermier du four en vint à
exiger 1 livre de pâte par pain quel qu'en soit le poids.

A Sainte-Eulalie, les habitants payent 1 sol 3 deniers annuellement pour ceux ayant 25 ans et la moitié moins pour ceux qui
sont au-dessous.

Quelques journées de corvée achèvent le tableau : au Viala,
chaque habitant doit 2 journées à titre de corvée ; l'une avec
bœufs, l'autre avec bêtes à bat pour charrier les gerbes ; à
Sainte-Eulalie, une journée de bœufs pour les semences et
les chevaux pour dépiquer.

A un autre point de vue, on trouve (1) le droit de basse justice pour les dégâts jusqu'à 10 sols ; la moyenne justice pour
toutes actions personnelles civiles ou réelles pouvant entraîner
75 sols d'amende et la haute justice, exception faite des cas
royaux.

L'impression d'ensemble (2) est assez confuse : pour avoir une
opinion moins imprécise, il faut savoir que les communaux
cultivés par les particuliers payaient aussi le droit de champart :
et vu l'étendue des communaux, le taux et le jeu du champart
influent beaucoup sur l'aisance du pays.

Tantôt (3) la pâture paye la cinquième gerbe, le Ségala la
septième, les habitants se plaignent que, quand on perçoit le
champart, on ne laisse même pas la paille au cultivateur, sauf

____

(1) Archives Paroissiales : *La Couvertoirade*, Caubel, Op. cit.
(2) Archives Départementales de l'Aveyron, C. 1546.
(3) Sainte-Eulalie.

celle du blé de mars ; les autres terres payent une censive assez forte. La communauté semble moins imposée que la Panouse.

Tantôt (1), pas de champart, mais il existe une censive assez forte. Les habitants observent qu'il y a inégalité dans la répartition de l'impôt sur les terres.

Ici (2), les habitants sont satisfaits de la répartition entre les contribuables, mais ils seraient plus chargés qu'à l'Hospitalet. La capitation très onéreuse monte à 1880 livres pour 120 chefs de famille. Or, elle ne devrait être que de 10 l. pour chacun. Cette imposition est des 4/5 de la taille. On se plaint beaucoup du champart.

Là (3), on a eu égard dans la table d'abonnement au droit de champart où sont soumises la plupart des terres.

Mais on n'a pas fait attention aux censives fixées sur les terres exemptes de champart. La capitation se porte à 3000 livres ; il n'y a que 184 contribuables pour cet impôt, dont des mendiants. Le XX° est d'environ le 1/3 de la taille.

A la Couvertoirade, pas de champart, mais censive assez élevée. Les habitants disent que la misère est extrême. A Saint-Rôme, l'imposition est du 1.5 plus forte qu'à Montclarat. Le territoire ne produit pas plus de 2.000 livres, mais l'imposition monte à 2394 livres. La capitation est de 2 l. 5 sols par maison. A Sauclières, les degrés sont trop subdivisés. A Nant, les habitants ne savent pas apprécier l'état de leur imposition. A Roquefort, mauvaise répartition : les meilleurs terrains sont abonnés 20 deniers et les meilleurs terrains des autres sols, 4 sols.

Quoiqu'il en soit, il est certain que les charges du paysan sont écrasantes par rapport au paysan du Languedoc : des propriétaires du Causse Noir assurent que leurs biens dans ce pays sont peu imposés par rapport à ceux du Causse.

Ballainvillers affirme que « si Lodève est en général chargé de fortes impositions, la partie de la montagne l'est encore

------

(1) L'Hospitalet.
(2) La Cavalerie.
(3) Cornus.

plus, la taille s'élève à des sommes extraordinaires en égard à la qualité des terres, on dit qu'il y a eu erreur lors de la confection du cadastre (1). Ailleurs, le subdélégué de Lodève se plaint qu'on ne réponde pas à ses circulaires de peur que les renseignements ne servent à établir de nouvelles taxes : « Il est vrai que les impositions sont si extraordinaires et qu'on les voit augmenter tous les jours que j'ai peine à me persuader qu'on puisse dans ce diocèse parvenir à leur recouvrement » (2).

5. — Les industries familiales.

Plagniol de la Force écrit, en 1698, dans son Mémoire de la province du Languedoc : « Lodève est un pays sec et aride, qui ne produit pas, à beaucoup près, les blés et graines nécessaires à sa subsistance... mais sa richesse consiste surtout dans les manufactures... ce qui fait qu'il n'y a point de diocèse qui paye mieux la taille ». Parlant plus loin du Gévaudan, il ajoute : « Ce pays serait peu peuplé, si la Providence pour suppléer au défaut des terres n'avait inspiré aux habitants l'inclination pour les manufactures de cadis et de serges. Ce sont de petites étoffes qu'ils vendent à bas prix, tous les paysans en ont des métiers chez eux, et ils y emploient tout le temps qu'ils ne mettent pas à cultiver les terres... d'ailleurs les hivers étant longs et les montagnes remplies de neige, les habitants n'ont d'autre occupation que de travailler à leur manufacture... » (3).

(1) Archives Départementales de l'Hérault, C. 47.
(2) Archives Départementales de l'Hérault, C. 2836.
(3) « Il n'y a pas un paysan qui n'ait au moins un métier chez lui où il s'occupe tout le temps qu'il n'emploie pas à cultiver les terres... Comme le pays ne fournit que peu de laines, ils l'achètent aux marchands ». Les autres industries sont celles qui ont trait à la consommation du bois.
Dans les milieux maritimes de Toulon, on conserve le souvenir de certaines statistiques au sujet des arbres de haute futaie que Colbert envoyait chercher sur le Larzac pour servir de mats à la flotte. Aujourd'hui

Leur bon marché est la raison pour lesquelles ces métiers ne peuvent se communiquer aux autres provinces.

Le travail à l'usine n'existe pour ainsi dire pas, les cardeurs,

---

encore, à plusieurs heures de marche du moindre arbuste, on trouve des vestiges de fours à chaux ; preuve évidente de leur énorme consommation.

Richeprey constate que l'on vend les beaux arbres aux environs des métairies pour faire un peu d'argent, le besoin de merrain oblige à en couper, d'ailleurs le propriétaire n'a pas intérêt à laisser monter les arbres en futaie.

« Si l'on ne consommait du bois que pour le chauffage des habitants, écrit Ballainvillers, parlant du diocèse de Lodève, il ne serait ni aussi cher, ni aussi rare, ce sont les tanneries, les savonneries, les distilleries et la verrerie du Coulet qui en consomment une grande quantité. On l'estime à 60.000 quintaux. Sur les dernières pentes des Cévennes entre le cours de la Dourbie et la naissance de la Virenque, il y a quelques sabotiers et des fabricants de tonneaux pour les eaux-de-vie à destination de la Hollande. A la naissance de la Sorgue, à la Mouline, à Vaissac, à Moulin Ferrand, trois papeteries occupent 12 ouvriers, mais au début de la Révolution (a), les fabricants se plaignent que la fabrique située près la source de la Sorgue se trouve dans une position où les charrettes ne peuvent aboutir ; des muletiers sont nécessaires, ils observent aussi que « pour fabriquer le papier et faire cuire la colle, il faut immensément de bois qu'on est obligé d'aller prendre sur le haut des montagnes où seules les bêtes de somme peuvent aller ».

Les verreries ne sont pas chose inconnue : il y en a une en 1509 près de Lunas, à Creissels en 1614, plus tard à la Verrière près Saint-Félix-de-Sorgues, ainsi qu'au pas de Ceilhes.

On sait que l'industrie du verre ne dérogeait pas à la noblesse ; en Languedoc, les verriers relevaient du gouverneur de Sommières qui avait juridiction dans le haut et bas Languedoc. Dans chaque région, les verriers élisaient un syndic et un syndic général était nommé par les syndics particuliers. (b) Les verreries étaient de peu d'importance, car la durée de la campagne était limitée aux mois d'été et de plus ils ne pouvaient constituer de réserve.

D'après un mémoire de 1725 (c), il y a 13 verreries en Languedoc, dont 1 au diocèse de Lodève à Saint-Saturnin. En 1745, on constate l'existence de 8 établissements entre le Vigan, Ganges et Lodève dont deux sur le Larzac près de Saint-Maurice, à la Vesse et au Coulet.

La grande consommation de bois faisait tort aux verriers. Un arrêt de 1723 défend la création de nouveaux établissements. Un nouvel arrêt de 1725 proscrit les chèvres (d) et ordonne le transport des verreries du

---

(a) Archives Départementales de l'Aveyron : Correspondance révolutionnaire.
(b) Dutil, Op. cit., p. 589.
(c) Archives Départementales de l'Hérault, C. 2760.
(d) S.-Quirin : *Les verriers du Languedoc.*

les tisserands, les affineurs travaillent chez eux (1). Mais, Louvois ayant donné un uniforme à l'armée permanente, des magasins s'établissent à Lodève. Plus tard, le Cardinal Fleury, enfant du pays, fait obtenir la fourniture des armées, Lodève se spécialise de plus en plus dans la fabrication du drap de troupe, mais la prospérité de cette industrie est liée aux vicissitudes de la politique : de 20.186 pièces en 1747, on n'en fabrique que 5.319 en 1788. Les petits tisserands tissent aussi la laine grossière pour le paysan et les industriels se mettent à fabriquer des draps du pays dits «pinchinots», habillant plutôt qui veut être couvert que qui veut être paré ».

La vallée de la Sorgue est un autre centre d'activité, plus important que la vallée du Tarn.

Saint-Affrique (2) fait des cadis comme ceux de Montauban et des draps communs d'une aune de large à 5 l. l'aune ; on y fait depuis peu des ratines d'une aune de large et de 5/4 d'aune que l'on vend de 8 à 15 l. l'aune. Les fournisseurs des armées y trouvent des draps nommés « petit Lodève » à 5 f. l'aune, c'est-

---

Languedoc sur l'Espérou et l'Aigoual. Le prétexte donné était le meilleur marché de la main-d'œuvre et l'abondance des bois. La meilleure raison était peut-être l'utilisation inespérée des bois de Meyrueis que la famille royale possédait depuis S. Louis et dont le revenu était fort incertain.

Etre assimilés aux chèvres était déjà vexant pour des gentilhommes, mais le transfert sur l'Aigoual équivalait à une condamnation à mort.

Cet arrêt ne fut pas exécuté. L'apparition du charbon fit plus pour la sauvegarde des bois que les arrêts du roi. Il en est question pour la première fois, en 1727, des expériences décisives ont lieu à Carmaux, en 1783, en 1777, une verrerie à charbon est mentionnée à Ceilhes (a). Et vers 1793, les verreries à bois du Languedoc ne sont plus qu'un souvenir.

(a) Dutil, Op. cit., p. 599.

Pour renseignements sur les bois de Saint-Maurice et l'extinction des verreries, voir : Archives Départementales de l'Hérault, C. 2760, 2763, 2764, etc...

(1) Marre, Op. cit., p. 129. En 1788, Lodève compte 40 fabricants et 8.000 ouvriers. Industries auxiliaires : teintureries, savonneries, tanneries.

(2) Archives Départementales de l'Aveyron, C. 1546.

La vallée du Tarn avec Millau est surtout spécialisée dans la pelleterie en 1799 une pétition signale 60 ateliers de tanneries, chamoiseries, mégisseries, 20 fabriques de ganteries, 15 fabriques de chapeaux et diverses filatures. Voir : Artières : *Annales de Millau.*

à-dire 20 à 30 sols par aune, moins cher qu'à Lodève. On y fait aussi des tricots pour les soldats qu'on emploie en vestes ou culottes. A Saint-Félix, Fayet, Laroque, on fait des cadis de qualité inférieure à ceux de Saint-Affrique ; ils ont un peu plus de largeur, car il y a plus d'intervalle entre les laines. »

Cette lente et continue spécialisation entraîne la concurrence déloyale « peu à peu on mêla aux matières premières des pelades qui rendirent les cadis moins beaux, plus lâches et rudes au toucher, Pour livrer à meilleur compte, ils diminuèrent le nombre des fils, en sorte que la qualité est dégradée (1). Aussi toutes les industries locales sont dans le marasme.

La toile de coton, d'introduction récente, est une autre cause de la crise, mais son action est contrebalancée par le luxe croissant : il « a tellement augmenté que tel paysan ou ouvrier qui se faisait un habit tous les trois ans en fait deux », de plus, « alors qu'autrefois on faisait les étoffes à domicile, on les fait faire en fabrique. »

La concentration industrielle a sa répercussion dans les campagnes. Rouville disait : « Les pauvres paysans sont les seuls qui s'occupent de cette facture dans leur chaumière au temps où l'hiver les empêche de travailler... Ils gagnent bien peu : les fileurs 2 sous ; les cordeurs 5 ; les tisserands 8 ; les tireuses de laine 10. ». En 1780, à Saint-Affrique, on estime que, sans les fabriques, une infinité de bras seraient réduits à l'inaction et à la misère. » On y file plus de drap qu'à Saint-Félix. Il s'y fait 2.500 pièces de cadis, 400 pièces de ratines, on y file 1.500 quintaux de coton. Ce commerce fait circuler 400.000 livres par an dans un arrondissement de 15 lieues et 4.000 familles en vivent.

A Peyre, la filature de coton occupe 30 personnes pendant 6 mois.

A Verzols, la fabrication des draps « façon petit Lodève » a cessé depuis le départ des protestants.

---

(1) Archives Départementales de l'Aveyron, C. 1546.

Il en est de même à Cornus ; on portait ces draps à Pézenas, à Clermont, à Lyon ; il ne reste plus qu'un fabricant de tricots, quelques métiers fabriquent des étoffes pour la campagne... Le défaut de consommation est cause de la crise.

La situation est semblable dans la vallée du Cernon ; à Saint-Georges, on ne travaille la laine que pour le ménage. A Saint-Rome, femmes et enfants, filent la laine et le coton pour Saint-Affrique et Millau. On les paye 4 à 6 sols la livre et c'est beaucoup d'une livre par jour, 100 personnes s'en occupent.

A Sainte-Eulalie : on vend la laine au lieu de la travailler ; pas de métier ; les femmes filent du coton pour Millau et Saint-Affrique.

Sur la Dourbie, à Nant, fabrique de bas de coton : 40 métiers.

Sur le Plateau, à la Cavalerie, quelques particuliers seulement s'occupent de la filature de la laine.

A l'Hospitalet : pas de fabriques : les femmes filent la laine pour Saint-Affrique et Millau ; aucune manufacture n'a d'avenir à cause du manque d'eau. A Sauclières, les femmes filent du coton pour Lodève ; les meilleures gagnent 10 sols, les autres 7 à 8 ; les particuliers observent que cela nuit à la culture des terres.

A la Couvertoirade, on file plus de 20 quintaux de coton. Au Caylar, deux fabriques de coton occupent de nombreuses personnes dans les villages des environs.

En somme, trois conclusions s'imposent : à la fin de l'Ancien Régime, le travail du sol est assez rémunérateur, puisque les gens abandonnent sans trop se plaindre les métiers à tisser la laine (1).

Ceux qui n'ont pour vivre qu'un revenu insuffisant, trouvent dans la filature du coton récemment introduite, un travail satisfaisant, puisqu'elle occasionne à Sauclières, la rareté de la main-d'œuvre.

La multiplicité des petites fabriques augmente la valeur des

---

(2) Dans presque toutes les maisons, on file encore la laine de ménage.

produits du sol : « Les laines comprises entre Saint-Affrique et Lodève sont les plus fines et les meilleures ; elles sont courtes sans l'être trop ». Aussi la concurrence entre les marchands de Lodève et ceux de Saint-Affrique entraîne sur la valeur de la laine une hausse de 15 %. (1).

C'est à l'élevage extensif que l'on doit la diffusion de petits métiers dans les campagnes.

L'élevage intensif entraîne avec lui une autre industrie familiale : la fabrication du fromage.

Au commencement de mai a lieu le sevrage des agneaux. Dès lors, on trait deux fois par jour : le matin, à 5 heures et le soir à 2 heures. Une propreté méticuleuse doit présider à toutes les opérations de la laiterie. La présure nécessaire pour cailler le lait est ainsi faite : On égorge les chevreaux non sevrés et les caillettes de leur estomac dûment salées, séchées et détrempées dans un quart de litre de petit lait constituent la présure. On la renouvelle tous les quinze jours ; pour 100 litres de lait, il faut une petite cuillerée de présure. Pendant trois quarts d'heure, une femme doit brasser ce mélange jusqu'à ce qu'il soit complètement pris. On le découpe alors pour le mettre dans un moule couvert de poids de cinquante livres ; d'heure en heure, pendant 12 heures, on retourne la forme sens dessus dessous. On porte ensuite le fromage à la fromagerie, après l'avoir serré dans une toile et deux fois par jour, il faut le retourner. Le fromage, marqué d'une lettre pour éviter les confusions est porté ensuite à Roquefort. Là, le premier soin des marchands, est de le saler, non avec du sel de soude, qui le gâterait, mais avec le sel de Peccais, broyé dans des moulins à blé. Si le paysan veut reprendre le fromage mûr, il doit donner 40 sols par cent pesant pour les soins et le sel (2).

---

(1) L'apparition du coton commençait à bouleverser l'industrie textile, la découverte du charbon acheva d'accroître le marasme. Il faut remarquer que le départ des protestants, surtout dans la vallée de la Sorgue, a porté préjudice à l'industrie locale.

(2) Marcorelles, 1753, Op. cit., 24.

L'épaisseur du fromage va d'un pouce à plus d'un pied et le poids de 2 à 40 livres.

Le gros travail quotidien causé par cette fabrication a pourtant un avantage : cette denrée se vend à un prix stable et rémunérateur.

Les raisons sont d'ordre économique et juridique :

La bonté de ce produit lui vaut les honneurs de l'Encyclopédie : Diderot assure qu'il est « sans contredit, le premier fromage d'Europe ». Desmarets, en 1784, affirme que « de tous ceux qui se font en France, c'est celui qui a le plus de réputation par la délicatesse de son goût, la fermeté de sa pâte, le persillage de sa masse » (1).

En un temps où les transports sont défectueux : la facilité de véhiculer un produit de valeur sous un faible volume facilite certainement la vente.

Enfin les courants millénaires du commerce Paris, Montpellier, Toulouse, les Cévennes, se croisent sur le Larzac, Roquefort est presque au carrefour.

L'origine de ce fromage est inconnue (2). Le texte le plus ancien qui mentionne son existence date de 1070. Mais les archives de Roquefort, très anciennes et très bien conservées (3), font connaître la sollicitude successive des pouvoirs publics à l'égard de cette industrie.

De 1407, date l'affranchissement de la commune et le pouvoir d'élire ses consuls. Les habitants sont un petit nombre et très pauvres ; de plus, la communauté relève directement du roi « ad nos immediate pertinet ».

Le privilège des poids et mesures date de 1411 : en matière juridictionnelle, les seules mesures de Roquefort doivent faire foi.

Le privilège de juridiction en est une conséquence. Le roi explique que les habitants sont souvent cités devant les tribu-

(1) Cité par Maître : *Le Roquefort*, p. 18.
(2) On discute sur un texte de Pline l'Ancien concernant les fromages de la région.
(3) La pièce principale est un parchemin de 5 mètres de long. C'est une copie authentique faite en janvier 1547 contenant les lettres patentes de divers rois.

naux éloignés à cause de leur commerce. Défense est faite de citer « par devant autres juges que par devant leur ordinaire et audit chastel de Roquefort ».

Dans une lettre du dernier d'avril 1411, le Roi expose qu'à Roquefort habitent bien peu de gens et n'y croissent « au terroir diceluy ny aulcuns vins ny bled », mais il y a des caves très froides où les gens de la région apportent les fromages pour les améliorer moyennant une certaine somme, c'est ainsi que les suppliants « gaignent leurs povres vies », Mais il arrive que les créanciers vont saisir les fromages, aussi les débiteurs n'en portent plus. Les habitants sont lésés ; le roi le sera bientôt, car ils délaisseront « ledit chastel dont ils ont la garde qui est moult fort et près des frontières ». En conséquence, il est interdit de saisir les fromages qui sont dans les caves pour cause de dettes sauf à défaut d'autres biens meubles.

Enfin, les fabricants de Roquefort ont aussi coutume de prélever un fromage par lot. Ce privilège est d'ailleurs indiqué par la nécessité de réparer les murailles du château (1).

L'appellation d'origine est confirmée par le Parlement de Toulouse. Le 31 mai 1666, «il est fait inhibition et défense à tous marchands voituriers et autres personnes de quelle qualité et condition quelles soient, qui auront pris et acheté du fromage dans les caves et lieux du voisinage de Roquefort, de le vendre, bailler et débiter en gros et en détail, pour véritable fromage de Roquefort, à peine de mil livres d'amende » (2). Ces privilèges

---

(1) Archives Communales de Roquefort. Lettre du 15 septembre 1457 datée de Saint-Porcin. Pendant les siècles qui suivent, de nombreux arrêts prouvent que cette mesure s'étend aussi aux « forains » qui portent leurs fromages dans leurs propres caves. Dans le deuxième cahier du manuscrit, N° 15, certains témoins affirment la pratique constante de prélever un fromage « depuis la prise du lieu par les hommes d'armes », d'autres disent qu'ils préféreraient être présents et donner le fromage eux-mêmes que de le voir prélever d'office en leur absence,

A noter qu'à cette époque, Agnès Sorel était au mieux avec Charles VII, or, Roquefort dépendait du baillage de Laval Roquecezière dont elle était la suzeraine. La coïncidence de ce fait avec la confirmation du privilège est au moins curieuse...

(2) Nouvel arrêt dans ce sens en 1785.

ont été confirmés par 12 ou 14 Rois, quelques-unes de ces lettres sont signées de la main même du monarque.

Ainsi : si l'on se rend compte que la malfaçon et la grossièreté des produits ont déconsidéré l'industrie textile et que le défaut d'appellation d'origine a augmenté sans cesse le champ de la concurrence, on comprendra sans peine que pour des raisons diamétralement opposées, la fabrication du Roquefort soit allée en prospérant.

6. — Les encouragements à l'agriculture.

1° Administrativement ils sont les fruits de cette initiative du gouvernement de Louis XIV qui créa dans le cadre de la généralité de Montauban l'assemblée provinciale de Haute-Guyenne.

En dehors de quelques projets relatifs aux communaux, elle s'occupa surtout de refondre l'assiette des impositions et de mettre un peu d'ordre dans le chaos des mesures locales (1).

Contrairement aux autres provinces (2), le bureau du bien public, dès octobre 1780, donna la consécration officielle (3) à un projet de partage des communaux. Les communaux, dit ce rapport, sont une source continuelle de procès entre paroisses, les voisins en usurpent ; les pauvres payent pour les communaux, alors qu'ils n'en jouissent pas faute de troupeaux. Enfin, un désir sincère de bien-être général permettait d'affirmer que les communaux seraient la propriété du citoyen qui n'en a aucune.

La volonté de donner satisfaction à tout le monde, tout en favorisant l'agriculture se reconnaissait aussi dans le mode de

---

(1) On verra plus loin l'effort de cette assemblée pour la création des routes.
(2) Dutil, Op. cit.
(3) Archives Départementales de l'Aveyron, C. 1530.

partage projeté ; de chaque lot on ferait deux parts : l'une par tête, l'autre proportionnellement à l'importance de l'exploitation, car il est juste de laisser de grands pacages aux domaines qui en ont besoin.

Le 27 novembre 80, le bureau du bien public propose aussi de créer un fonds pour faire venir 24 béliers flamands et les distribuer aux propriétaires à charge d'en rendre deux l'année suivante ; certains de ces moutons porteraient jusqu'à 16 livres de laine (1). Il en est de même pour le sel ; la laine des troupeaux qui s'en nourrissent se distingue des autres au simple toucher ; il est nécessaire d'avoir du sel à bon compte. Pour améliorer la race ovine, on fait éditer un prospectus à distribuer dans toute la province.

Mais, 6 ans après, aucun de ces projets n'est réalisé.

D'autres, au contraire, reçoivent un commencement d'exécution. En 1779 (2), l'administration décide la rectification des cadastres. La table d'abonnement comprendra dans un certain nombre de degrés, les différents sols de la province : chaque degré sera décrit de façon à ce que tous les moyens arbitraires soient impossibles. Il faudra prouver l'estimation par la description physique, l'exposition, la situation locale, le produit des ventes des fermes et des dîmes, l'évaluation des frais et les produits habituels des cultures.

La table générale d'abonnement sera appuyée de plusieurs autres tables particulières pour les diverses natures de culture, telles que terres labourées, prés, vignes, etc... Pour mieux faire connaître les sols et assurer l'exactitude des estimations, les experts présenteront dans toutes les parties de la province des exemples sensibles. On exceptera d'imposition les terrains dont le produit de l'arpent sera au-dessous de l'unité, on distraira aussi les rivières et chemins, et les maisons de campagne devront être plus imposées que les terrains avoisinants.

Cette rectification fut en principe exécutée et elle nous vaut

----

(1) On projette aussi de créer un haras à Saint-Affrique.
(2) Archives Départementales de l'Aveyron, C. 1546.

le remarquable « journal des voyages de MM. Richeprey et Calmels de la Bessière ». Les terres sont ainsi divisées : 1° jardins ; 2° les terres labourables en 30 articles de 10 sols à 90 livres ; 3° les pâturages en 8 articles de — de 10 sols à 5 livres ; 4° Les prés en 27 articles de 5 livres à 90 livres ; 5° Les bois en 15 degrés.

Mais entre temps il avait fallu résoudre une autre difficulté : la question des mesures. On sait leur complexité : les mesures de sétérées, quartes, punières représentaient en principe l'étendue nécessaire pour recevoir comme semence un setier, une quarte, une punière de grains ; par suite, les mesures de capacité et de longueur variaient selon la nature des terrains et leur fertilité. La sétérée valait 19 ares 99 è Nant ; 20 ares à Sauclières ; 36.114 à Cornus, 48 ares à Cantobre. Naturellement les subdivisions variaient aussi : la sétérée se subdivisait en 4 quartes, 16 boisseaux à Cornus et 4 quartes 10 punières à Saint-Affrique (1).

A cette diversité, selon les lieux, s'ajoutaient de nombreux changements dans le temps. Ainsi, à la Cavalerie, en 1662, la sétérée était composée de 100 dextres ; la dextre ayant 9 pans ; en 1780, la sétérée = 740 cannes carrées. Au 28 novembre 1790, à la Cavalerie, la quarte mesure en superficie : 4 boisseaux = 748 m2 212 ; le boisseau, 46 cannes 2 pans carrés (ou 187.93) = 187.053. La canne égale 8 pans = 2 m. 021224 ; le pan = 9 pouces 4 lignes, soit = 0.25.26.53 ; d'où la sétérée de 4 quartes = 29 ares 93 (ou 30 ares 69). Voici les mesures en vigueur

---

(1) A Millau, la livre poids de table de Montpellier — 0.414 g. 626 est formée de 13 onces, 4 gros, 5 marcs. Le setier se divise en 4 quartes, la quarte en 10 bassines. La quarte = 1 décalitre 573. Le canon 1 L. 161. 8 canons forment l'émine, 4 émines forment le setier, 4 setiers = 1 quartier, 4 quartiers forment le muid. La canne = 1 m. 932, la seterée de 640 cannes carrées = 25 ares 23.80. Elle se subdivise en 4 quartes, la quarte en 4 boisseaux, le boisseau en 10 dextres.

A Saint-Affrique, la canne = 2 m. 003, la seterée de 900 cannes carrées = 36 ares 1087, elle se divise en 4 quarterées, et la quarterée en 7 boisseaux ½.

L'unité de capacité est la feuillette = 0 L. 731, 2 feuillettes forment la pinte, 43 pintes = 1 semal ; 4 sémaux = la barrique.

La livre poids de table de 13 onces 2 gros 23 marcs = 405 G. 183.

à Sainte-Eulalie devenue par la commanderie la capitale du Larzac :

1° La sétérée = 160 dextres carrées = 25 ares 67.68.

La dextre tire 16 pans mesure de Montpellier = 4.006.
La canne tire 8 pans ou 6 pieds 2 pouces = 2 m. 0032.
Le pan tire 9 pouces 3 lignes = 0 m. 2504.
La sétérée contient donc 640 cannes carrées.

2° Le setier de froment mesure de la commanderie pèse 124 livres, mesure poids de table de Montpellier d'où 0.416x124 = 60 k. 700.

Le setier égale 4 quartes.
L'émine ou 2 quartes = 64 livres.
La quarte pèse 31 livres = 15 k. 175.
Le boisseau pèse 8 livres, soit environ le quart de la quarte.

D'où : le pan = 0 m. 2504 ; la canne = 8 pans = 2 m. 0032. La sétérée = 2567 m2 68. Le setier contient 80 litres et pèse 60 k. 700. La quarte = 12 k.75. Le pied = 0.32484. Le pouce = 0.027.07. La ligne = 0.002256 (1).

Nota. — Les 9 quartes de blé, mesure de la commanderie, en font 10 de Saint-Jean et de Nant.

Ainsi, de la transformation des mesures et leur état actuel, on peut déduire l'influence progressive du commerce avec le Bas-Languedoc.

L'unité de mesures dans le village ou avec la ville voisine de la vallée ne suffit plus pour les échanges. Ceux-ci exigent maintenant l'unité complète dans tout le centre commercial de la province de Languedoc. Aussi voit-on se répandre de plus en plus la livre poids de table de Montpellier = 0 k. 416 ; la canne

____

(1) Archives Départementales de l'Aveyron, Fonds Pons.
D'après M. Richeprey, le setier froment pèse 108 livres et le setier seigle 106 livres.

de Montpellier = 1 m. 988 ; le pan de Montpellier = 0.248.5 (1)

Mais les mesures employées par les commerçants dans le Bas-Languedoc ne sont pas celles des paysans de la Haute-Guyenne.

Aussi l'Assemblée provinciale créée pour essayer la décentralisation administrative, constate que la première condition de la prospérité locale est l'unité de mesures avec toutes les provinces voisines ; elle prescrit en conséquence d'appliquer dans toute l'étendue de son ressort les poids et mesures de Paris.

Ainsi paraît 10 ans avant la Révolution : l'unité théorique des poids et mesures (2).

La deuxième moitié du XVIIIe siècle voit s'introduire sous

___

(1) Sur les assises inférieures du Larzac à Saint-Jean-d'Alcapiès :

1) Mesures de superficie :

La sétérée = 36 ares 10 ou 900 cannes carrées, 700 sur l'ancien cadastre.

L'émine = 16.005 soit ½ sétérée.

La quarterée : 8.025 soit la moitié de l'émine et le 1/4 de la sétérée.

La demi-quarterée = 4.012, soit la moitié de la quarterée ou le 1/16 de la sétérée.

Le boisseau : 1.003, soit le 1/4 de la demi sétérée.

La punière = 0.025 ½, soit le quart du boisseau.

La canne carrée : 4 m2.

Le pan carré = le 1/16 du m2 ou la 64e partie de la canne carrée.

Le pouce carré : le 1/1296 du m2 1296 pouces carrés = 1 m2.

La ligne carrée = le 1/186624 du m2, 186624 lignes carrées = le 1 m2.

2) Mesures de longueur :

La canne = 2 m. environ, soit 8 pans, le pan 9 pouces, le pouce 12 lignes, la ligne 12 points. La lieue 2500 cannes = 4 k. 5.

3) Mesures de capacité :

Le octier = 70 L. 7 dl ; il est formé de 2 émines, l'émine de 2 quartes, la quarte de 2 demi-cartes, la quarte = 19 litres 8. La demi-carte comprend 4 boisseaux, le boisseau 4 punières.

4) Mesures de poids :

Le quintal égale 41 k. 2 hectos ; le quintal valait 100 livres ; la livre 4 quarts ; le quart 4 onces, l'once 8 gros ; le gros 24 grains. Le quintal pour les liquides se divisait aussi en livres, quarts, onces, etc... La bouteille de vin pesait 2 livres, c'était la pinte. La demi-pinte faisait le pintou.

Pour les petites longueurs, on se servait aussi du pied, le pied se divisait en 12 pouces ; le pouce en 12 lignes ; 3 pieds o pouce 12 lignes, 296 millièmes de ligne = 1 mètre. Pour les solides, c'étaient la canne cube, le pan cube, etc... Pour les monnaies, la livre valait 20 sous ; le sou 12 deniers ; la liarde valait 6 deniers ; le liard 3 deniers ; le sou se divisait aussi en blancs. Deux blancs valaient un sou.

(2) C'est également par la voie administrative que s'était réalisée l'unité officielle de langage (Artières : *Millau du XVIe siècle à nos jours*). Au

la haute direction de l'Evêque de Rodez deux denrées nouvelles qui opèreront une véritable révolution dans l'économie rurale du Rouergue.

Nous voulons parler de la pomme de terre (1) et des fourrages artificiels.

Originaire du Chili, importée vers 1580, la pomme de terre fut introduite en Rouergue par l'évêque : Charles de Grimaldy ; mais c'est surtout Mgr de Circé, son successeur, qui la propagea de 1765 à 1770. Dans l'enquête de 1771, on en parle pour la première fois, mais sa propagation rencontra des oppositions irréductibles (2), faute d'arguments sérieux on trouvait de mauvais goût que sous prétexte de chercher le bien-être du peuple, un évêque « s'abaissat jusques à des pommes de terre ».

Mais alors qu'en Angleterre la pomme de terre se mangeait sucrée comme friandise, chez nous elle ne servit d'abord qu'à 'a nourriture des bestiaux (3), les valets de ferme refusaient d'y goûter « ne voulant pas être traités comme des animaux immondes ».

Aux environs de Millau, M. Despradels (4) vulgarisa son emploi mais pour vaincre ce préjugé, il dut offrir un grand repas aux notables de Millau où l'on ne mangea que de la pomme de terre.

Les paysans l'admirent alors comme aliment.

---

début du XVIe siècle, la langue de tous était encore : « lo romans, la lengua nostra, nostre lengatge ».

Mais en 1443 des routiers ayant capturé sur le Larzac des gens de Millau, on s'adressa au Dauphin de passage en Rouergue, mais ni lui ni son secrétaire ne purent déchiffrer la supplique, car attendu « que era scricha en nostra lenga ». Désormais l'interprête chargé à Millau, de traduire en roman les documents officiels « romansar ... translatar en nostre lengatge » fut aussi chargé de traduire dans le langage officiel les documents envoyés en « France ». Enfin, en 1539, une ordonnance de François Ier prescrivit que désormais tous les actes publics seraient rédigés en Français.

(1) Lempereur : *Introduction de la pomme de terre en Rouergue.*

(2) Bulletin Société Centrale d'Agriculture, 1839.

(3) De Gaujal : *Tableau historique*, I, 535.

(4) Despradels, né à Millau en 1728, élevé à Effiat, puis à Paris. Nommé en 1779 à l'assemblée de Haute Guyenne établie par Necker avec celle du Berry, et étendue en 1787 à toute la France. Sa fille mariée au général de Fréjeville, mourut sans enfant ; lui-même mourut le 22 novembre 1829.

En 1780, Richeprey constate que sa culture s'est beaucoup diffusée depuis 25 ans : en réalité, elle n'est guère connue que dans les pays dit de « Ségala » entre le Viaur et le Tarn où l'on ne récolte guère que du seigle et de l'avoine ; ainsi que dans la vallée du Lot.

Mais, dans tous les pays calcaires, la pomme de terre est inconnue, on n'en trouve trace sur le Larzac dans les opérations de recensement qu'en 1795 ou 96.

C'est aussi à Despradels que l'on doit la diffusion des fourrages artificiels. Son domaine de la Rode, aux portes de Millau, manquait totalement de fourrages, étant situé sur une croupe. Despradels y introduisit le sainfoin. Il possédait à Saint-Jean-du-Bruel, un autre domaine où le sol était plus profond. Il y essaya la culture du trèfle, mais cette plante était si inconnue qu'il fut obligé de faire venir la graine d'Alsace (1). Il donnait d'ailleurs de la graine à ses voisins à la condition qu'elle serait employée et qu'il surveillerait les travaux. Malgré les avantages énormes des fourrages artificiels, le viel amour du paysan pour la culture du blé, empêche leur diffusion ; d'ailleurs la fréquence des famines lui impose de s'assurer directement sa propre nourriture avant de songer à celle de ses bestiaux. A l'Hospitalet, en 1780, Richeprey constate que certains particuliers ont essayé de faire des fourrages artificiels : si le trèfle a échoué, le sainfoin a eu plus de succès, engagés à continuer les habitants ont répondu « qu'ils manquaient de terrain. ».

On retrouve le même état d'esprit à la Cavalerie ; le fourrage y est très précieux, car il n'y a point de prés. Le sainfoin essayé par un particulier n'a pas réussi ; le trèfle semé dans les meilleurs terrains ne dure que deux ans et ne donne rien en temps de sécheresse. La seule amélioration agricole à la Cavalerie serait de multiplier les prairies artificielles, mais les habitants préfèrent faire beaucoup d'avoine qui leur donne de la paille et du grain.

---

(1) Affre : Op. cit. : *Prairies.*

Aux Infruts, les gens assurent que le sol « n'a point assez de profondeur ». A Roquefort, le sainfoin ne donne qu'une seule fauchaison et rien en saison sèche.

Enfin, sur les bords du Cernon, à Saint-Georges, les paysans se plaignent qu'il faut renouveler le sainfoin tous les 7 ou 8 ans ; on ne le sème, il est vrai, que dans les terrains médiocres et d'ailleurs on le laisse paître aux moutons. Le trèfle n'a pas réussi, la luzerne réussirait, mais dans les fonds trop précieux pour elle, car elle ne donne « que 4 fauchaisons. »

L'utilisation incomplète du sol est due, nous l'avons vu, à la médiocrité des engrais et surtout à la rigidité des assolements, dont les céréales sont le seul fondement.

En cas de mauvaise récolte, la famine est le résultat de ce système, mais la peur de la famine oblige à maintenir la même rotation de cultures malgré les fourrages artificiels.

Peu à peu leur développement donnera de nouveaux éléments d'assolements, mais leur principal avantage sera de supprimer l'élevage intensif « en permettant de garder à l'étable plus de bétail pendant plus longtemps, il assurera à la fois plus d'engrais, plus de laine, plus de lait, plus d'agneaux », et, par suite, un meilleur rendement dans les récoltes. L'élevage intensif reposait au contraire sur l'emploi de la vaine pâture qui diminue le fumier du 1/4 au 1/3, et sur l'usage de la paille dont la partie va aux leveurs de dîmes et de champarts (1).

Enfin, chose digne d'être notée, les encouragements à l'agriculture se traduisent parfois sous une forme pécuniaire.

---

(1) L'introduction de cultures nouvelles fait apparaître des méthodes nouvelles ; dans la vallée de la Dourbie, on sème le trèfle avec de l'avoine ou du lin, car en arrachant ce dernier, le trèfle reçoit une sorte de labour.

La nécessité d'enfouir légèrement la graine à l'aide d'une branche d'arbre ou d'un rateau, conduira à l'invention de la herse en 1783 par M. de Rodat.

L'ensilage aujourd'hui en honneur est déjà pratiqué dans une certaine mesure en intercalant une couche de luzerne entre deux couches de paille ce qui interdit à la luzerne de s'échauffer.

On ne sème encore la luzerne que dans les vallées notamment aux bords du Tarn et de l'Aveyron, on jette alors une livre de graine de luzerne par perche carrée.

L'honneur en revient aux négociants de Roquefort qui « avancent l'argent aux paysans à très faible intérêt » (1). Marcorelles le constate déjà en 1753 : Sans doute, le but poursuivi est-il de s'assurer la production du lait du fournisseur par un prêt anticipé. En réalité, ce prêt n'est autre chose que la forme la plus élégante de Crédit Agricole (2).

7. — Les voies de communication et le transit.

Le Larzac étant le plus méridional de tous les causses, forme barrière, par sa position parallèle à la mer, entre le bas Languedoc et les provinces du Massif Central. Aussi a-t-il toujours été un lieu de passage très fréquenté (3).

Dès le Moyen Age, les antiques dénominations de « coste roumive », « strata vetus », « cami de César, cami farrat » perdent leur caractère. Le chemin « romieu » est toujours suivi par ceux qui vont à Rome : seulement il ne s'agit plus de soldats, mais de pèlerins. De plus en plus, on désigne les anciennes voies sous le nom de « iter peregrinorum, chemin des romipètes, chemin de Saint-Jacques, etc.

Dès le XVIe siècle, les guerres religieuses et les guerres civiles anéantirent tout commerce.

« Grand mos advinrent, dit le Calviniste de Millau ; car il y

---

(1) Marcorelles, Op. cit.
(2) Il faudrait citer aussi les œuvres patoises de Peyrot, parler de la construction de moulins à vent de la Cavalerie, etc, etc...
(3) De la grande voie Domitienne qui traversait le Languedoc, trois branches se détachaient qui partaient vers le Centre, l'une quittant Saint-Thibéry gagnait le Larzac par Lodève, la seconde plus importante passait par la Vacquerie, la troisième venait de Nîmes. Ces trois voies se soudaient sur le Larzac un peu avant l'Hospitalet.
On ne connait rien de précis jusqu'au début du Moyen Age si ce n'est la fondation de refuges pour les voyageurs notamment l'Hôpital Guibert, et la fusion des diverses taxes de péage en une serie perçue au Pont de Millau. Cet accord, réalisé en 1250, remanié en 1339, établit la liste du trafic entre les deux provinces. Certaines particularités sont très curieuses, ne payaient point : les géants, les hommes et femmes sauvages, les papiers,

eut famine, prise de villes, brulement d'icelles, grand dégat de blé et de vin que c'était chose pitoyable à voir ». Le dévouement aux idées religieuses n'est qu'un prétexte au brigandage ; en 1568, à la Cavalerie, le capitaine Calviniste y fait « de grans maux et tiranies aus paisans, car les griloit ; les femmes metoit dans les sisternes pour les faire déceler l'argent ». On annonce sans cesse « des prises et surprises de villes, de villages où tout est pillé jusqu'aux cullers », jusqu'aux « guons de porte » où tout est mis « au tranchant de l'épée. »

Les famines se suivent : en 1586, on trouva « une femme morte aïant la pleine bouche d'erbes avec son petit enfant entre les bras tenant la mamelle en sa boche, qu'était une chose bien aigre ». Il y eut en même temps de grandes épidémies : « que tout était aigre même le vin. »

Si bien qu'en peu d'années tout est « guasté et ruiné : contributions et pilleries auront enlevé vivres, fromages, bestial, gros et menu ».

Gens de guerre et pillards auront mis le pays en un « tel deguast qu'il n'y avait beste qui portasse sang por laborer » (1).

Les villages du plateau sont autant de forteresses ennemies qui s'entendent, cependant, pour détrousser les voyageurs. Pour moissonner, il faut faire parfois appel à la force armée.

Les chemins se dégradent sans cesse : en 1662, quand le duc d'Arpajon veut aller en Languedoc, pour monter la coste roumive, il faut trois paires de bœufs de renfort et dix hommes vigoureux pour empêcher le carosse de verser.

---

etc... En revanche, les juifs et les sarrazins devaient payer 5 sous par tête, et la taxe était double « si era cas de fortuna que lurs fennas fossen grossas de Henfans. »
    Cf. Rey : *Le Pont vieux à Millau.*
    C) *Le Livre de l'Epervier* a été traduit par MM. Constans et Molinier. La traduction Constans semble parfois un peu fantaisiste.
    Cf. Molinier : *Livre de l'Epervier.*
    C) Dans l'acte de 1250, il est fait mention des droits sur la poudre. Or, Bacon est né en 1214 seulement.
    (1) Archives Départementales de l'Aveyron, Fonds Pons.
    Voir aussi : Archives Paroissiales : *La Couvertoirade Caubel*, Op. cit. et *Mémoires d'un Calviniste de Millau.*

Au début du XVIIIe siècle, l'effort routier de l'Escalopier en Rouergue aboutit à l'inauguration en 1746 du tronçon de route par Millau et Villefranche, il ne reste plus que 5 lieues à faire sur le Larzac pour joindre la province de Languedoc, ce qui permet au maire de Millau d'espérer « voir rétablir dans cette ville le commerce des bêtes à bat, nos foyres, nos marchés et toute espèce de commerce anéantis pendant 160 ans par les guerres civiles » (1) (2).

La route d'Auvergne (3)

Du Languedoc à Paris, on ne reconnaît qu'une bonne route par la vallée du Rhône, et une autre par le Poitou

De Montpellier à l'Auvergne, une route (4) se dirigeait par la Taillade et Gignac sur Lodève où aboutissaient le chemin de Cette à Cartels suivant la vallée de l'Hérault par Pézenas, Clermont. Du Caylar (5), un mauvais chemin allait à la Pezade, frontière du Languedoc et le reliait aux nombreux tracés qu'Escalopier multipliait en Rouergue à l'aide de la corvée, après la moisson, mais par morceaux. Sur l'Hérault, à Gignac, un simple bac. L'escalade du Causse se faisait par des chemins à peine praticables aux mulets à bats.

Du Languedoc en Auvergne, il existe également des chemins, mais discontinus de Nîmes, Alès, via le Gévaudan (Villefort) ou le Vivarais (Aubenas), mais partout le mulet est nécessaire.

Dès 1724, le Gouvernement s'était préoccupé de relier Paris

(1) Artières : *Millau du XVIe siècle à nos jours.*
Du 4 avril au 19 mai, il passa sur le pont 438 mulets.
(2) Les Auvergnats dont il est question dans le mariage de Figaro empruntaient aussi ce chemin.
(3) Nous devons sur ce point une foule de renseignements et la plupart des fiches à M. P. Marre, professeur agrégé au Lycée de Montpellier.
(4) Archives Départementales de l'Hérault, C. 3175. Rapport de l'ingénieur Pollart, inspecteur général des Ponts-et-Chaussées.
(5) Archives Départementales de l'Hérault, C. 3173. Rapport de l'ingénieur Pollart, inspecteur général des Ponts-et-Chaussées.

au Languedoc par l'Auvergne, mais les guerres de succession arrêtérent les projets. En 1748 seulement, les Etats votèrent le principe d'une route par les Cévennes.

Le choix du tracé ne fut pas facile ; les ingénieurs voulaient une route en plaine dans une région riche en fourrages pour le ravitaillement des mulets.

Les usagers désiraient que la route répondit aux besoins du commerce.

Pitot et Pollart adoptèrent (1) alors le tracé par le Vivarais (Nîmes, Alais, Aubenas, Le Puy), le tracé était en partie fait, un seul pont à construire jusqu'à Aubenas, il traversait un pays de sériciculture, conduisait vers Beaucairè ; en cas d'enneigement (2), on bifurquait sur Lyon ; de plus, cette route devait servir de liaison entre le Rouergue et l'Auvergne, d'une part, le Dauphiné et la Provence, d'autre part.

Mais les régions intéressées protestaient ; les unes voulaient la route par le Gévaudan (Villefort), les autres par le Larzac. Pitot et Pollart objectaient que « tantôt sur le haut des montagnes, tantôt au fond des vallons », la plus grande partie du tracé ne serait composé que de montées et de descentes.

Par Villefort, il y a 167 ponts à construire (3), les voyageurs sont cernés, chaque hiver, par la neige pendant plusieurs semaines, presque tous les ans on trouve des morts.

Les partisans de ce projet objectent que pourtant le commerce se fait dans ce pays : lors des foires de Beaucaire, il passe jusqu'à 150 mulets par jour ; les autorités religieuses prennent parti pour le projet ; la ville d'Alais nomme des enquêteurs ; les historiens et les archéologues font valoir qu'une route romaine passait pas là ; les ingénieurs du roi sont accusés de parti-pris (4) ; des intérêts privés exigent le passage par Villefort.

Mais les marchands de Millau veulent la route par le Larzac ;

---

(1) Archives Départementales de l'Hérault, C. 3150. Pitot-Pollard, inspecteurs généraux des Ponts-et-Chaussées.
(2) *Idem*, C. 3156.
(3) *Idem*, C. 3153.
(4) *Idem*, C. 3162.

il suffirait d'un pont à Gignac et de l'escalade de la côte ; dans tout le Rouergue, le tracé est fait. Le gros œuvre porterait surtout sur le Gévaudan.

Le marchand Malhole (1), ancien assesseur à l'hôtel de ville de Millau, souligne l'importance de cette route.

La différence des climats fait que les récoltes sont toujours bonnes dans une province et mauvaises dans l'autre ; une route permettrait donc, soit d'éviter la famine, soit de décongestionner les marchés.

Le trafic (2) qui se fait par cette route se monte à plus de cinq millions ; ce sont les fromages d'Auvergne et de Roquefort au nombre de plus de 12.000 charges ; les chanvres et corderies, les toiles, les draps de Brioude et de Clermont-Lodève, les étoffes du Gévaudan, foulées à Marvejols et Saint-Geniez, les draps de Saint-Félix, Saint-Affrique, Cornus, les cadis de Pont-de-Camarès, les tricots de Murasson, les toiles et pastels d'Alby, les bois à brûler et à construction du Larzac, les mousselines de la compagnie des Indes, etc...

Le trafic se trouverait augmenté (3) ; les marchands, une fois arrivés à Millau, pourraient aisément se répandre dans le Limousin et le Quercy et les objets du Roussillon pourraient monter aussi grâce au chemin neuf Sète-Lodève.

En passant à Millau (4), les rouliers chargeraient pour leur compte des fromages ou des amandes cassées ; en échange de leurs produits, en Gévaudan, ils prendraient des petites étoffes pour doublure d'habits et des habits pour femmes ; au retour, ils prendraient en Limagne de la graine de chanvre pour le Rouergue et là ils chargeraient des cordages pour les ports, des fromages et à Millau des futailles d'eau-de-vie pour la Hollande.

Avec le chemin d'Albi les Cévennes, on serait relié directement à la vallée de la Garonne.

---

(1) Archives Départementales de l'Hérault, C. 3156.
(2) *Idem*, C. 3157.
(3) *Idem*, C. 3175.
(4) *Idem*, C. 3156.

Le commerce, en général, serait beaucoup facilité. On éviterait 11 lieues aux marchands de Sète et les marchands de Nîmes pourraient passer par là pour aller à Bordeaux.

Un mémoire de 1752 (1) signale qu'une « charrette attelée de 3 bons mulets traîne 36 à 40 quintaux et en n'en supposant que 36, il n'y faut qu'un seul homme pour la conduire, tandis qu'un mulet, si solide soit-il, ne porte que 4 quintaux, il faudrait donc 9 mulets pour porter ce qu'une charrette peut traîner et il faut deux hommes pour conduire ces 9 mulets... L'épargne est donc de la moitié par rapport aux conducteurs et des 2/3 par rapport aux mules et mulets ».

Et surtout on éviterait une grosse perte de temps à faire et défaire les emballages qui arrivent par voie d'eau ; l'on ne verrait plus enfin « emporter les huiles, eaux-de-vie et vin dans des outres qui crèvent par l'usage, contre les murailles, contre les arbres, aux portes des écuries ou quand les mulets tombent sur la glace » (2).

Ce projet ne rencontre pas la faveur des techniciens. Pollart objecte le manque d'eau, la rigueur du climat ; au 15 août, les avoines étaient encore vertes et il fallut se chauffer, on lui a assuré que la neige restait parfois 6 semaines, et le fourrage fait défaut. Ce tracé est d'ailleurs plus long que la route du Vivarais (3).

D'ailleurs, ceux du Vigan insinuent qu'une route reliant le Rouergue à l'Auvergne serait bien utile : le Larzac est impraticable par temps de neige ; la route devrait plutôt passer par le Vigan, Alzon, Sauclières, la vallée de la Dourbie et le Causse Noir.

Mais, Marc-Antoine Malhole ne se tient pas pour battu (4) ; la route par Alzon et le Causse Nègre est plus longue ; il faut sans cesse monter descendre ; elle ne servira directement à

---

(1) Archives Départementales de l'Hérault, C. 3156.
(2) *Idem*, C. 3156.
(3) *Idem*, C. 3156.
(4) *Idem*, C. 3158.

rien ; de plus, des difficultés techniques s'opposent à son établissement : pas de foin, alors que les vallées de la Sorgues et
du Cernon en ont d'excellent et meilleur marché que dans les
Cévennes ; témoin un acte de 1337 qui vend pour 3 ans, 400
quintaux de foin à 20 sols ; pas d'eau 6 mois de l'année pour les
bestiaux : il faut descendre à la Jonte ou à la Dourbie. Pas de lo-
gements « car à peine les métayers sont logés avec les domestiques et leurs cabaux ».

Mais voici que Vallibouze « hote de l'Hospitalet » écrit que la
neige reste trois mois sur le Larzac (1), aussi la route doit passer
par Sauclières. Outré d'une pareille duplicité, Malhole proteste :
« elle reste bien plus sur le Causse Nègre, écrit-il à l'intendant,
la preuve, c'est que le fromage de Roquefort est beaucoup meilleur sur le Larzac que sur le Causse Nègre : c'est l'herbe douce
du Larzac qui fait le bon fromage, celui du Causse Nègre est
très mauvais, ce qui prouve que le climat est rude... Ainsi,
le dit Vallibouze ment impudemment » (2).

L'Intendant de Saint-Priest embarrassé, on le conçoit, décide
une enquête supplémentaire pour les deux projets par Aubenas et
Villefort (3).

L'initiative de la décision vient de Paris : le 27 novembre
1752, Trudaine demande aux Etats de se prononcer. Il s'agit
maintenant de deux routes ; une par le Rouergue, l'autre par
les Cévennes, il s'agit d'un plan d'ensemble, aussi Pollart lui-
même se rallie à la route du Rouergue.

Entre temps, Gendrier, l'inspecteur général des Ponts-et-
chaussées ,donnait son avis (4), la route du Rouergue est la pre-

---

(1) Archives Départementales de l'Hérault, C. 3161 : « arrêtés par la
neige sur le Larzac... les muletiers sont souvent obligés d'attendre 15
jours à la Pézade... d'ailleurs quand le pays est une fois couvert de neige,
les grands vents qui y règnent la transportent partout indifféremment...
le chemin deviendrait inutile pendant 4 mois de l'année... cette interrup-
tion de passage entre le Languedoc et l'Auvergne mérite quelque attention.»

(2) Archives Départementales de l'Hérault, C. 3157. Comme par ha-
sard, Malhole, en 1780, achète des prés dans la vallée de la Sorgue. Archives notariales Cornus.

(3) *Idem*, C. 3162.

(4) *Idem*, C. 3176.

mière à exécuter ; elle est centrale, plus courte, plus commerçante, plus nécessaire, car elle réunit cinq pays difficiles d'accès : le Languedoc, l'Albigeois, le Rouergue, le Gévaudan et l'Auvergne.

Elle a un intérêt stratégique : c'est par cette route que les troupes de Flandre et de Hainaut peuvent le plus aisément gagner les Pyrénées.

Le fisc lui-même a tout à y gagner, car le transport des sels serait moins dispendieux. Le grenier serait à Millau et non à Espalion.

Les rapports maintenant se multiplient (1) ; on parle de 400 mille pièces d'étoffe rassemblées chaque année à Saint-Geniez et Marvejols ; toutes les marchandises de l'Espagne, du Midi, de la Méditerranée à destination de l'intérieur passeraient par la route d'Auvergne ; le transport, moins onéreux des laines par le Gévaudan, permettrait une économie annuelle de 60.000 livres ; enfin, toutes les marchandises septentrionales, mêmes celles de Champagne iraient s'embarquer à Sète. « Cette route, par le milieu du royaume, sera une jonction des deux mers beaucoup plus importante que celle par le canal Bordeaux-Sète, parce qu'il passera infiniment plus de marchandises et que le bénéfice réalisé permettra d'en étendre le trafic » (1er février 1754).

Un nouveau rapport (2) signale plus de cent catégories de denrées qui emprunteront cette route : depuis les drogues de teinture et de médecine qui viennent des Echelles du Levant jusqu'aux draps et coutils d'Allemagne, sans oublier les produits d'Espagne et les articles de Paris.

Ces marchandises passeront en tous temps par le centre pour éviter les tracasseries coutumières à Lyon ; à l'époque de la foire de Beaucaire, elles pourront quitter le Larzac à l'Hos-

---

(1) Archives Départementales de l'Hérault, C. 3175. En 1754. les Etats adoptent ce tracé.
(2) Archives Départementales de l'Hérault, C. 3154.

pitalet, mais tout le reste de l'année, elles descendront dans le Languedoc. Aussi le trafic intense de cette route entraînera l'agrandissement du port de Sète.

Si la décision fut longue à venir, l'exécution fut plus laborieuse encore.

D'après un mémoire de 1762 (1), la partie de Montpellier à Lodève est depuis longtemps praticable, la portion de Lodève à la Pezade sera « incessamment ouverte » au public.

De la Pezade à la Glène, après Millau, il y a seulement quelques passages de mauvais « où l'on n'a pas travaillé depuis 10 ans ». Mais on discute encore pour savoir si la route passera ensuite par Hugues et le Mazet, par Sévérac et Saint-Laurent, par le Mazet et le Gévaudan.

L'Ingénieur note enfin que « les travaux faits par corvées même bien exécutés, ce qui n'arrive guère, coûtent toujours plus du 1/3 de dépenses en pure perte outre la mauvaise volonté des corvéables (2) ».

En 1768, le sieur Girouard a l'entreprise (3) ; pas de forfait, mais les travaux lui sont payés sur le prix d'estimation avec un bénéfice de 10 %. Mais, à cette époque, la disette fut si grande en Rouergue, que la route devint un passage indispensable pour aller chercher des vivres au port de Sète. L'argent manquait, pour activer les travaux. « M. de Trudaine enjoignit à l'exposant d'y suppléer en faisant les avances nécessaires ».

Il lui fallut acheter des voitures à ses frais, le froid et la neige ne permettaient que sept mois de travail ; il fallut bâtir une maison ; l'été, il fallait aller chercher l'eau dans la vallée. Pendant les années de disette, on dut acheter du grain, le faire

---

(1) Archives Départementales de l'Aveyron.
(2) Archives Départementales de l'Aveyron. « Je suis plus content que les années précédentes des ouvrages faits par corvée. Ce service commence à se ranimer et vous ne pourrez y donner trop de soins. L'intendant y tient. Cependant, en fait, il n'y a eu qu'un peu plus de la moitié des journées de faites et 1/3 des voitures. Il est indispensable de supprimer cette prodigieuse quantité de défaillances. » Rodez, C. 1546.
(3) Archives Départementales de l'Aveyron, C. 1617.

moudre, le cuire, et fournir le pain à 18 deniers la livre quand il coûtait partout 30 sols et le vin à 4 livres la mesure alors qu'il revenait à 7 l. 10, et ce sans aucune diminution du prix des journées.

De 1768 à 1779, les avances se montèrent à 682.482 livres 3 sols 2 deniers, plus les intérêts à 5 %.

En 1776, le pont sur le Tarn à Millau est déjà construit, mais on décide la réfection de Coste roumive.

Un rapport de l'évêque de Vabres à l'Assemblée de Haute-Guyenne (1) rappelle la nécessité des grands chemins pour éviter les famines comme en 1769-70-71-78. Il rappelle qu'en 1742, il n'y avait, dans la généralité de Montauban, que deux routes carrossables ; on essaya ensuite de travailler par corvée, mais elle s'est montrée « le moyen le plus onéreux, le plus injuste, le plus inégal, le moins pratique. »

Les communautés ne se souciant pas de travailler, on réussit de 72 à 78 à leur faire payer le 1/10 de la taille pour tenir lieu de corvée : de 70 à 79, on avait levé deux millions ainsi et cependant il n'y avait pas en Haute-Guyenne, une lieue de chemin en bon état. En 1779, on étendit à toutes les communautés le rachat de corvée.

Dès 1780, des chargements de blé vont de la Cavalerie à Lodève, le sieur Boyer d'Alès a vu passer jusqu'à 15 charrettes chargées de blé. D'après Ballainvillers (2), le chemin est un chef d'œuvre de l'art : «il est beau, commode, solidement fait ».

Ainsi s'affirme 3 ans avant la Révolution, le souci de nos compatriotes à contribuer à la prospérité économique de la Nation (3).

------

(1) Archives Départementales de l'Aveyron, C. 1530.
(2) Archives Départementales de l'Hérault, C. 47.
(3) La route d'Albi aux Cévennes offre bien moins d'intérêt. Le Pont sur le Tarn emporté par les eaux ne sera reconstruit que bien après la Révolution. Les années qui suivent sont désastreuses pour le paysan, on crée alors les ateliers de charité.
Au bout de côte de Millau, on voit encore de larges blocs de pierres où s'enchassaient les poteaux indicateurs servant de guide aux rouliers par temps de neige, du côté du Caylar, il y a encore de grandes pierres plantées ayant le même objet.

Le commerce local (1) est alimenté par les foires et marchés et le Roquefort.

A Cornus, il y a deux foires : le 19 septembre et le 4 novembre. Elles sont peu fréquentées, le commerce des draps est tombé. A l'Hôpital Guibert, la foire du 4 septembre est plus suivie que celle du 10 octobre. On vient y acheter des bêtes à laine que l'on conduit dans les Cévennes et vers Montpellier. A la Cavalerie, le commerce des bestiaux « est immense ». A Nant, les foires et marchés ont été anéantis par la création de 4 foires à Sauclières ; pourtant, par sa position entre deux causses, Nant devrait servir d'entrepôt.

Au Caylar, il y a 3 foires très considérables ; dans les petits villages, il ne peut pas y avoir de commerce faute de chemins.

Par contre, la création de voies de pénétration dans les Cévennes a ruiné le Causse Noir ; autrefois il y portait ses grains avec les mulets, maintenant les blés étrangers viennent concurrencer et il ne peut les porter vers Millau, faute de chemin.

Le Roquefort est le commerce essentiel. L'achat se fait surtout en mars, avril, mai, aux foires de Saint-Rome-de-Tarn, Saint-Affrique, Saint-Rome, Saint-Geniez, Millau, à 35 livres le quintal : année commune, il se monte à 6.000 quintaux, mais on en porte aussi 3.000 quintaux aux caves de Landry, Fondamente, La Roque, Saint-Baulys, Saint-Véran, La Vacquerie, les Gardies, etc...

Le commerce s'accroît depuis la création des routes, mais il faudrait améliorer les chemins de traverse et diminuer le prix du sel. Un produit secondaire, c'est la rhebarbe (2) appelée Bolus, qui se vend de 3 à 4 sols la livre ; et la crème de Roquefort.

On vend le fromage (3) aux épiciers de Toulouse, Nîmes, Montpellier, qui se rendent tous les ans à Roquefort pour la foire d'octobre. Toulouse en fournit la Gascogne, le Roussillon, le pays de Foix et surtout Paris. De Nîmes et Montpellier, il passe

---

(1) Archives Départementales de l'Aveyron, C. 1546.
(2) Il ne faut pas confondre la rhubarbe qui est une plante et la rhebarbe produit local, fabriquée avec des déchets de fromages.
(3) Marcorelles, 1753 : *Mémoire sur le Roquefort.*

à Lyon, le Dauphiné, la Provence, l'Italie. Après les grosses chaleurs, on expédie directement 600 quintaux de Roquefort à Paris et Bordeaux, de là il va en Angleterre, en Hollande et jusqu'aux îles françaises.

8. — La vie collective.

La vie collective est des plus simples : dans les communes libres, les habitants nomment leurs propres consuls ; dans le territoire de la commanderie, comme à la Couvertoirade, chaque consul sortant présente 3 noms, sur ces 9 noms, le commandeur en choisit trois. Les dépenses consulaires sont réduites au minimum : le budget des Infruts ne dépasse pas 20 livres ; à la Cavalerie, les éléments du budget sont les diverses censes au commandeur, le traitement des régents des écoles (1), du garde terre, du compteur du bétail ; dans toutes les communes du plateau, une indemnité est prévue pour la « messe à S.-Roch » et « le port des pauvres passants ». La charge principale des consuls était la répartition des impôts : on prenait pour base le cadastre, le nombre de têtes de bétail et la présence ou la non existence du chef de maison ; généralement la répartition et la gestion étaient contrôlées par deux « auditeurs », un du lieu, un du dehors. La levée des impôts était donnée à l'enchère au rabais. Vers les derniers temps, les derniers enchérisseurs ne touchant que 6 deniers par livre, le premier consul était obligé de faire la levée lui-même. Comme la taille royale se payait par quartiers (2) trimestriels, il arrivait que les habitants fussent gênés

---

(1) On trouve des écoles dans presque tous les villages.
(2) *Revue Historique du Rouergue* : *Bénéfices du diocèse de Vabres* (Hermet). Dans le territoire de la commanderie, le commandeur est le seigneur spirituel et temporel de la paroisse.

pour payer avant d'avoir vendu la récolte (1) ; la communauté empruntait alors à 5 %. Les habitants étaient responsables solidairement.

Le cultivateur vit rudement. Les frais d'existence sont réduits à l'indispensable. La supériorité du paysan se manifeste plus par l'étendue de ses terres et le nombre de ses bêtes que par le bien-être qu'il s'accorde ; étant limité par la fatigue, l'esprit se tend vers l'économie : le contribuable ne s'intéresse à la vie municipale que pour gêner les étrangers nouveaux venus dans la jouissance des communaux, et faire réduire les dépenses dont il paye la quote-part.; d'ailleurs, le taux très réduit de la population ne se prête pas aux combinaisons politiques : dans les communes rurales, les cabaretiers sont classés comme les plus pauvres. Aussi, le centre de la vie collective, c'est l'Eglise.

Le commandeur est le prieur primitif spirituel et temporel : à ce titre il perçoit la dîme et le champart et nomme à la cure. Hors de la commanderie, le collateur est presque toujours inconnu des paroissiens. La pension du desservant varie entre 250 et 300 livres (2). A cette modique pension s'ajoutent quelques rentes et le produit de quelques champs. L'intensité des pratiques religieuses varie selon chaque paroisse, mais surtout, selon l'appréciation du curé (3) : à en juger par l'apparence, on devine parfois une pointe d'indifférence : ici, « on omet de nettoyer les araignées et poussières qui se détachent de la voûte pendant la messe » (4) ; là, on supporte flegmatiquement « la voûte de la nef qui croule depuis 3 ans sans qu'on ait fait depuis lors aucune

---

(1) « Le chanvre est le produit qui paye l'impôt ; c'est au moment de la vente des toiles que le porteur de contrainte vient forcer à payer. Si le tisserand et le cultivateur retiraient une plus grande part du produit de leurs sueurs, ils seraient en état de faire les avances nécessaires.

Que de richesses ne procureraient pas une année de remise de taille. » Archives Départementales de l'Aveyron, C. 1546.

(2) *Revue Historique du Rouergue : Les bénéfices du diocèse de Vabres* par F. Hermet. Le desservant de Saint-Caprazy fait exception avec 600 livres.

(3) Archives Départementales de l'Aveyron : *Enquête Circé* (Lempereur).

(4) Archives Départementales du Gard : *Visite de la commanderie de Sainte-Eulalie*, communiqué par M. Baudouy Salze.

démarche pour son rétablissement, d'autant que la partie restante de la voûte est en danger ». A Roquefort, les contribuables plaident contre leur curé sous un prétexte ridicule, tout en l'assurant de leur parfaite considération (1).

L'immense majorité de la population vit de la terre, d'après tous les rapports des subdélégués, d'après l'examen des compoix, presque tout paysan possède un coin de terre.

Les fermiers sont rares, car les domaines sont peu considérables, sinon par leur étendue ; dans tout le canton du Caylar (2), englobant 7 communes, on trouve seulement 22 fermiers, sur 295 exploitations ; ils occupent généralement les grands domaines : à défaut d'autres précisions, nous pouvons en juger par le nombre de leurs domestiques : dans le canton, sur 178 domestiques environ, les fermiers en occupent 101, soit les 2/3 ; dans les exploitations au-dessus de 5 domestiques, 12 fermiers en comptent 94, tandis que 6 propriétaires n'en ont que 56.

Les baux sont généralement de 6, 9, 12 ans, renouvelables tous les 3 ans, ce qui interdit en principe, toute amélioration sérieuse (3). On trouve aussi des baux de 5 ans. Parfois le bail a lieu en argent ; le fermage semble alors assez élevé. Ex. : Bengouzal, vendu en 1750 pour 22.0000 livres, paye 1399 livres ; en l'espèce, c'est le fermier qui paye les impositions, ailleurs, cette charge incombe au propriétaire.

Parfois le fermage est stipulé en nature. Généralement il est mixte : Le fermier de Caussanus doit fournir 24 catégories de denrées : 5 variétés de grains, 6 variétés d'animaux, 2 sortes de légumes, de la paille et du fourrage, de la cire, des œufs, etc... La dernière année du bail, il fournira, en outre, la 5e gerbe de 12 sétérées de terre. La part en argent monte à 3.000 livres, mais tout ce qui doit être fourni en nature est estimé à sa valeur

---

(1) Archives de Roquefort. Incoté.

(2) Archives Départementales de l'Hérault : *Statistiques révolutionnaires*.

(3) Pourtant malgré la courte période du bail, grâce au système de la jachère, il n'est pas rare de voir la famille du fermier rester très longtemps sur le domaine : ainsi, en 1695, le Luc avait les mêmes fermiers depuis 100 ans. Cf. Bulletin Paroissial *La Couvertoirade*, 1921-27.

du jour du contrat (1) ; on prévoit même la quantité de grains que doit fournir la cinquième gerbe.

Dans ce bail, les charges elles-mêmes sont partagées.

Des journées de travail agricole avec animaux (2), des journées de prestation avec et sans animaux ; le fermier prend à son compte l'entretien des chemins ; les charges sont aussi pécuniaires par la fourniture « d'épingles et pots de vin ».

Ces conditions se retrouvent partout, mais à des degrés divers ; dans un domaine voisin du précédent (3), le fermier doit, chaque année, planter 12 arbres, mais fournir aussi des produits qu'il ne récolte pas sur le domaine. Ex. : 4 minots de sel et 20 livres de poivre. Quant à l'inventaire, il est fourni par le bailleur, mais estimé en bloc. D'une manière générale, les baux prescrivent le respect de la jachère, la consommation des pailles et l'utilisation du fumier sur le domaine ; interdiction est faite de couper aucun arbre, ni branches, sauf pour la confection d'outils aratoires ; interdiction absolue de défricher ; et naturellement, défense la dernière année de mettre le fumier dans les blés de mars ou de faire manger en herbe la récolte du fermier entrant. Le fermier doit, en sortant, laisser autant de foin qu'il en a trouvé. Le propriétaire se réserve le droit de prendre en tous temps de l'eau à la citerne, du bois au bûcher, des légumes au jardin ; il pourra tenir des pigeons, des ruches et se promener où bon lui semblera, prendre la paille nécessaire pour nourrir un cheval, etc... (4).

Les baux commencent et finissent soit à la Croix de May (le 3 mai), soit à la Saint-Michel ou à la Pâque venant (5) (6).

---

(1) 15 mars 1783.

(2) 36 journées avec bœufs sans nourriture.

(3) Le Mas Andral.

(4) *Etude de Me Hugoneng à Cornus* 1780. Bail de Belvezet à la famille Favier.

(5) *Idem*, 1779. Dans la plupart des baux, le fermier doit veiller soigneusement aux couverts, conduits et citernes et, pour le chauffage, il est permis de couper seulement les petites branches du bas. Le propriétaire se réserve aussi le droit de cultiver les communaux et d'avoir quelques brebis à lui dans le troupeau.

(6) Le fermage semble avoir un taux élevé. La multiplicité des petites prestations est une source perpétuelle de chicanes. Les fermiers généraux qui perçoivent les revenus de l'ordre de Saint-Jean sont uniquement des hommes d'affaires.

On trouve aussi le métayage : tantôt un capitaliste fournit les fonds : on achète quelques brebis que le preneur fait garder à ses frais pendant 5 ans ; on partage ensuite le bétail par égale part ; sauf cas fortuit, le preneur est responsable (1) ; parfois on spécifie qu'une vente peut avoir lieu dans l'intervalle, à charge de remploi, car le bétail ne doit jamais être diminué ; l'argent restant est partagé ; le bailleur ne peut prétendre au lait, mais la toison est partagée (2).

Tantôt le bailleur fournit la terre : le bail est fait pour 9 ans. Le preneur emploie tout son temps sur la terre, sauf les deux mois après la moisson. Il travaille à son gré, à condition de ne pas retarder les travaux. Parfois, les semences sont fournies par moitié. Le fumier doit être employé sur place, les charges payées par le fermier. Les récoltes sont partagées également (3).

Une variété de bail à très long terme, c'est la locatairie perpétuelle : le preneur rentre en possession du domaine généralement avec l'inventaire, pour un temps indéterminé ; parfois le bail est renouvelable de 29 ans à 29 ans ; le fermier paye les charges et fait les réparations ; la redevance est une rente perpétuelle en grains ou en argent : La rente est portable, ce genre de fermage se rapproche de la pleine propriété par la longueur même du bail, mais aussi par la faculté assez fréquente d'éteindre la rente en versant un certain capital. Ce capital peut être payable par annuités et la rente diminue alors en proportion à condition toutefois d'avertir à l'avance le propriétaire. Le preneur ne peut ni aliéner ni hypothéquer, ni laisser accumuler les charges sur les biens, mais avec l'autorisation du bailleur, il peut céder le droit au bail à une tierce personne (4) (5).

---

(1) Archives de M⁰ Hugonenq, notaire à Cornus, 1778.
(2) *Idem.*, 1780, Mai.
(3) *Idem.*, mars 1778.
(4) Étude de M⁰ Gabalda, Alzon; Gard, 1718, 1750, 1770.
(5) Il est particulièrement instructif de suivre l'histoire d'un domaine pendant le XVIIIᵉ siècle : le fermier achète le bien, ses enfants quittent la terre, au partage l'un d'eux veut faire valoir, puis il loue à mi-fruits ; écrasé par les charges le métayer s'en va ; le propriétaire baille alors à

Dans les 7 communes formant le canton du Caylar, sur 487 feux : 395 vivent de la terre. Sur ce nombre, on compte 22 fermiers et 2 cultivateurs ayant affermé des biens voisins. 200 propriétaires (1) peuvent être considérés comme ayant un terrain suffisant pour les faire vivre ; 150 font le travail en famille ; 30 occupent un domestique, un berger généralement ; 15 occupent de 2 à 5 domestiques et 5 de 12 à 17. Enfin, il est un groupe imposant de prolétaires : mais cette plèbe rurale comporte elle-même des degrés : 116 sont classés comme travailleurs ; ils cultivent un morceau de champ, se louent à la journée et entre temps vont faire des défriches dans les communaux ; au-dessous viennent les valets de ferme ; on en compte 33 : ils sont payés généralement en nature. les plus favorisés ont quelques bêtes à eux dans le troupeau de la ferme. La classe la plus misérable est celle des journaliers (2) : ce sont les vieux, les éclopés, les veuves de 80 ans. On en compte une quinzaine (3).

Mais la population du village ne forme pas un tout homogène : il n'y a pas que des paysans ; en dehors d'eux, on compte 42 métiers différents : les professions libérales sont représentées par les curés, les officiers de santé, les notaires qui sont à l'occasion aubergistes ou cultivateurs, les « débassiers » et tisserands

---

locatairie perpétuelle rachetable, le nouveau fermier cède son droit au bail moyennant paiement, ainsi de suite et il arrive un moment, vers 1780, où le véritable propriétaire n'a plus qu'un vague domaine éminent ; la rente originelle n'est plus qu'une charge supplémentaire du bien : il n'y a que deux personnes en présence : le fermier devenu quasi propriétaire et le sous-locataire. Il est regrettable que ce mode d'accession à la propriété ait disparu. Archives privées.

(1) On doit ranger dans cette catégorie les tenanciers censitaires (bail à cens, albergue, fiefferme, emphythéose). Le seigneur conserve la propriété éminente ou directe et fait reconnaître son droit au moment des transmissions (droit de lods ou acapte). En théorie, le tenancier est un usufruitier perpétuel, il ne peut être dépossédé que s'il ne jouit pas régulièrement du sol. A Sainte-Eulalie, le seigneur s'était réservé le droit de donner à des étrangers les terres abandonnées par les habitants.

(2) Quel que soit le chiffre des misérables, il n'y a pas d'homme sans terre car tout le monde peut cultiver les communaux.

(3) Archives Départementales de l'Hérault. L. 10 et 11, Dénombrement du district de Lodève. L'établissement de ces chiffres a nécessité des calculs assez longs des erreurs sont toujours possibles, l'origine même des éléments est assez suspecte.

représenter les industries rurales ; on trouve des bouchers, des menuisiers, des maçons et aussi des couturières, des tailleurs et même des rentiers ; le roulage fait vivre les bourreliers, les voituriers, cordiers et les bastiers. Dans les communes complètement rurales, les corps de métiers disparaissent : à Saint-Félix, tout le monde vit de la terre, sauf le meunier ; aux Rives, gros village, on voit 1 marchand, 1 tailleur, 1 aubergiste, 1 maçon ; au Cros, perdu dans les terres : 1 marchand, 1 aubergiste, 1 voiturier ; à Sorbs, enfin, Sorbs, considéré comme la commune « la plus misérable de l'Hérault », tout le monde travaille la terre, sauf un mendiant.

On n'a pas l'impression de la richesse ; la nourriture est frugale, grossière, monotone. Le pain est un mélange d'orge et de seigle ; les résidus de deuxième ordre de la fabrication du fromage (1), les lentilles, pois et vesces, la viande salée de chèvre ou de cochon sont à la base de l'alimentation (2). Le riz est la seule denrée d'importation, mais il est trop cher.

Le vêtement est formé d'étoffes faites à la maison, moitié laine, moitié fil. La toile de coton commence à se répandre. L'été, les hommes portent une grande blouse blanche qui descend jusqu'aux genoux. Les femmes emploient les mêmes étoffes

---

(1) Marcorelles, Op. cit., p. 25. « Après qu'on a tiré les recuites de la chaudière, on met dans la partie aqueuse qui y reste des morceaux de pain, on fait alors un grand feu. Ce pain bien confit fait la principale nourriture des domestiques et des personnes les plus grossières de la campagne.» Avec les raclures des fromages, on fabrique aussi des « bolus » pour le peuple.

(2) *Livre manuscrit*, Mazel, Saint-Jean. — Pour le pain, on ne prend pas même la peine de nettoyer le grain de peur de gaspiller la marchandise : sur un setier de mixture, on n'enlève qu'une ou deux livres de son ce qui donne un pain très noir et indigeste ; de plus, les différences organiques du seigle et du froment rendent presque impossible la panification et leur mélange. On compte 8 setiers de grains pour un domestique. Menu : soupe au pain noir, légumes, un peu de salé, le jeudi et le dimanche à un repas. Pendant le temps des moissons et de carême, on fait des «grutch », espèce de bouillie sans grain. Du lait, on extrait d'abord ce qui fait le fromage, du résidu, on retire des aliments de deuxième ordre ; le bouillon qui reste, mélangé avec du pain, constitue la nourriture ordinaire des pauvres gens.

L'absence de pommes de terre, sensible dans l'alimentation de l'homme se faisait surtout remarquer dans l'engraissement médiocre du cochon.

appelées « serge ». Le grand luxe est de porter des robes d'indienne. Des sabots ferrés sont l'unique chaussure (1).

Les hommes ne mettent jamais de bas, mais des guêtres de drap. La laine d'un agneau de 3 mois sert à faire la coiffure. La même gêne se remarque dans l'aménagement intérieur du foyer par l'absence à peu près complète de fenêtres vitrées, de plafonds, de tables, de matelas, d'assiettes en faïence, etc. (2)

Non seulement le rendement médiocre des terres ne permet pas d'améliorations, mais la présence de nombreux enfants à chaque foyer augmente d'autant la consommation. La moyenne par feu est de 2.02 au Caylar, 2.34 à Saint-Michel ; 2.89 aux Rives ; 2.87 à Saint-Félix ; 2.25 au Cros ; 2.65 à Sorbs (3).

Dans le canton, sur 487 feux, le quart environ (113) est classé comme « pauvre », ce sont surtout des journaliers (4 sur 15), des valets de ferme (20 sur 33), des travailleurs (43 sur 116) et quelques cultivateurs (23 sur 200). La gêne n'est pas uniforme : elle varie selon les communes : à Saint-Félix, il n'y a que des propriétaires aisés ; aux Rives : deux feux « pauvres » sur 69 ; 38 au Caylar sur 134 ; 16 sur 56 au Cros ; 11 sur 49 à Saint-Michel et 12 sur 41 à Sorbs. Les paysans, d'ailleurs, ne sont pas seuls dans la misère ; on trouve aussi des cabaretiers, des bouchers, des serruriers, des cordonniers et même des « bastiers », ruinés par l'apparition récente de la charrette.

On sait que toute l'alimentation du paysan est basée sur la

---

(3) *Livre manuscrit*, Mazel, Saint-Jean : des garçons de 20 ans n'ont jamais mis de souliers. Il faut remarquer que l'orge est la nourriture la plus répandue parce que cette céréale produit beaucoup, on n'y mettait du blé que pour améliorer. Volontairement on néglige de laver le seigle, ceux qui le font sont tournés en ridicule ; certaines légumineuses donnent la paralysie des jambes. Ex. : le « garrouste ».

(2) *Livre manuscrit*, Mazel pour tout ce qui concerne la nourriture, le logement, l'habitation. L'éclairage se fait avec des nœuds de sapin, car là il y a beaucoup de résine, on appelle cela la « teso » que l'on posait sur une pierre en saillie dans l'âtre « le tesier ». Les chandelles de suif fabriquées à Saint-Jean-du-Bruel formaient l'éclairage de luxe, on se servait aussi des cordes enduites de résine, et du « calel », récipient plein d'huile où trempe une mèche.

(3) Archives Départementales de l'Hérault. L. 10 et 11, mêmes observations que plus haut.

culture des céréales aussi en cas de mauvaises récoltes, toute la population est réduite à la misère. « Le nombre des pauvres est très grand, répond le curé de Compeyre à Mgr de Circé (1), les enfants au-dessous de 12 ans mendient et il y a beaucoup de mendiants étrangers... ». Le nombre des malades vient de la mauvaise nourriture et du travail excessif ; au débouché de toutes les vallées on se plaint comme à Rivière qu'il y ait « beaucoup de mendiants de passage ». A Montjaux, on compte 467 pauvres, 16 maisons contenant 46 personnes mendient (2).

Partout les récoltes sont insuffisantes : à Montjaux, il manque la moitié du froment ; au Minier, la récolte suffit à peine pour un mois de l'année ; de même au Viala-du-Tarn, en y ajoutant les champs situés dans les paroisses voisines : « 3 récoltes honestes réunies seraient suffisantes pour nourrir la population pendant un an », écrit le curé de Prades qui fait observer que ses paroissiens consomment beaucoup à cause du travail et du climat. « Le sort de nos paysans est de souffrir la faim, écrit un curé, de vivre de châtaignes et de bouillies sans pain ». Le 26 mai 1750, le curé de la Panouse écrit : « J'ai rangé les affaires de mes pauvres pour les empêcher de mourir de faim sur une recette d'un médecin de Paris que l'on m'a envoyé ; ils ne sont pas sujets à l'indigestion, mais enfin, ils vivent ».

L'évêque demandait quelles ressources nouvelles on pourrait introduire dans la localité : « des factures d'hiver », affirment

---

(1) Archives Départementales de l'Aveyron. *Enquête Mgr de Circé.* — Précisément les dernières années de l'Ancien Régime furent marquées par une série de mauvaises récoltes.

Cette enquête prescrite par l'évêque de Rodez ne s'applique pas au diocèse de Vabres dont le Larzac était en partie une dépendance. Nous avons cru utile de l'utiliser pour montrer l'origine de ceux qui viennent sur le Larzac chercher non pas une vie meilleure mais de la terre à cultiver.

(2) Archives Départementales de l'Aveyron, C. 1546. — « Il n'y a pas d'hospice ; l'hospitalité du pays y supplée, mais elle est onéreuse : tel fermier nourrit 300 mendiants pendant un jour. L'usage est établi de recevoir tous ceux qui se présentent ; leur donner deux repas et les renvoyer avec un morceau de pain. Une multitude de vagabonds du Gévaudan et de Rodez viennent exercer la mendicité ; ils ajoutent les menaces aux prières : on les redoute, on est volé ; comme les paysans vont aux champs, les mendiants font peur aux femmes. »

quelques curés, mais la plupart répondent, comme au Minier :
« la besace en mandiant leur pain, les pauvres ne trouvant n'y
à emprunter, ni à vendre, ni à engager leurs biens », ou encore
« il leur reste à mendier, manger peu, mourir de faim » (1).

De nombreuses aumônes essayent de remédier au mal, ce sont
d'abord toutes les offrandes perçues par le curé (2) ; vers 1780,
on commence à organiser un peu partout les ateliers de charité
en remplacement des corvées ; le budget des municipalités prévoit
un secours pour les indigents et surtout pour les mendiants de
passage, afin de s'en débarrasser au plus vite. Les seigneurs locaux
distribuaient aussi des aumônes parfois très appréciables (3).

---

(1) Young, Op. cit., II.
Young passant à Montdardier est arrivé à grand peine à pouvoir manger, chez des gens qui avaient « tellement l'air de galériens qu'il me semblait que j'entendais le bruit de leur chaîne ».
« Du mauvais pain, mais il n'était pas noir, ni viande, ni œufs, ni légumes et du vin détestable. Pas d'avoine pour ma mule, pas de foin, pas de
paille, pas d'herbe, heureusement le pain était grand, j'en pris un morceau
et coupai le reste pour mon quadrupède. »
(2) Ce sont entre autres : 1° les femmes qui relevaient des couches,
5 sols de droit curial, 1 messe et 1 gros morceau de pain et 1 bouteille de
vin ; 2° les personnes qui avaient perdu un parent allaient à l'offrande
tous les dimanches après le Credo et déposaient un gros morceau de pain ;
3° au service du bout de l'an, les parents portaient à la sacristie un morceau de pain et une bouteille de vin. On faisait des offrandes de sépulture :
après la levée du corps devant la porte de l'église, à l'offertoire, après
l'absoute, au cimetière, etc...
Cf. *Livre de paroisse de la Cavalerie* : *Statuts synodaux du diocèse de
Vabres.*
(3) A Sainte-Eulalie, elles consistaient : «Le dimanche, mardi et jeudi
de chaque semaine, un quart et demi pain à chaque habitant et les autres
jours de la semaine à cinq habitants seulement par tour de rôle : deux
livres et demi pain, une escuelle potaige et un tail chair à chacun d'iceux,
laquelle chair ne se paye point les jours maigres ». Cette deuxième distribution s'appelait l'aumône courante. En 1624, le seigneur avait essayé
de la supprimer, les habitants firent appel au Parlement de Toulouse
qui, par arrêt du 20 janvier 1625 condamna le commandeur à payer à
l'avenir le droit d'aumône accoutumé si mieux il n'aimait suivant l'offre
des habitants réduire la dîme et le champart dus au 1/4 ou au 1/5 à la 1/10
partie des fruits. Dans leur requête, les habitants soutenaient que l'aumône leur avait été payée pendant tous les siècles depuis que leurs ancêtres
s'étaient soumis aux grandes charges qu'ils payaient. Ils ne pouvaient
produire les titres primordiaux attendu que ces titres avaient péri dans
le sac du village, mais ce privilège de l'aumône leur avait été confirmé
par le commandeur en 1571 et renouvelé maintes fois. Ils observent
qu'ils sont sans industrie, occupés seulement à la culture des terres, de

Enfin, dans la plupart des compoix, surtout du côté du Caylar, on trouve mention d'hôpitaux pour le soulagement des pauvres.

Les doléances des ingénieurs et des paysans permettent de connaître les causes de la misère : ce sont, sans doute, les charges qui grêvent le sol (2), mais aussi le manque d'instruction : les cultivateurs du Larzac assurent que le blé dégénère en seigle ; on n'a fait aucune observation sur les maladies des grains ; on plaint l'argent pour faire soigner les bêtes ; « le cultivateur est si malheureux et si pauvre qu'il ne peut faire aucune avance pour ses essais ; il n'a pas le courage d'entreprendre des changements : Que deviendrait-il, si une fausse spéculation le privait de la récolte d'une année ? une seule année de disette est suivie de 10 à 12 de misère. » Aussi, les expériences faites dans un canton sont sans utilité pour l'autre. Les méthodes de culture (4) sont défectueuses ; faute d'instruments, on ne peut labourer les terres compactes ; on n'a pas l'idée de créer des prés artificiels ; là on s'est aperçu qu'on semait trop épais, on a diminué du 1/4 ou du 1/3 avec succès, mais l'exemple n'a pas été suivi ; on sème trop tard sur les montagnes ; personne ne se préoccupe de changer les semences ; ici on trouve de bons terrains incultes, là avec une culture convenable on retirerait 10 fois plus ; dans certains pays, au lieu d'arracher les genêts, on les brûle et on fait promener les bœufs sur les tronçons durcis par la flamme. Les récoltes sont médiocres parce qu'il n'y a pas assez d'engrais, faute de bestiaux ; faute d'argent, le paysan ne peut en acheter.

---

plus, contrairement à la coutume, le commandeur outre les droits seigneuriaux prélève « la disme des bleds au 1/4 » et en sus la dîme des brebis, agneaux et fromage. De plus, avant le procès, le commandeur distribuait pour l'aumône le revenu des moulins affermés 300 livres.

Plus tard, un commandeur ayant voulu alléger les charges des colons en faisant distribuer 50 setiers de mixture, l'hôpital de Saint-Affrique les réclama comme étant chargé de recevoir les pauvres de la commune. Les habitants plaidèrent que c'était une *indemnité* et non une *aumône* et en attendant la fin du procès, se livrèrent à des coups de mains contre les convois de l'hôpital.

(1) Le curé de Compeyre signale dans sa paroisse avec les trois annexes, 14 seigneurs laïques et autant d'ecclésiastiques.

(2) Pour filer le chanvre, on n'a pas eu encore l'idée de remplacer le fuseau et la quenouille par le rouet.

On pourrait bien fumer avec de la chaux, mais ou il n'y a point de bois pour la calciner, ou pas de chemins pour la transporter.

Les municipalités sont unanimes à demander des chemins « pour porter nos produits en Languedoc d'où l'on retire le sel, le vin et le plâtre » ; mais, faute de chemins, on préfère « dans une partie du Rouergue et du Quercy, employer du plâtre de Normandie et du Quercy ; il descend la Seine, passe la mer, rencontre la Garonne, le Lot, la Dordogne, l'Aveyron et le Tarn. » D'ailleurs, l'absence de débouchés fait autant de misère par la mévente que la disette. Aussi les habitants des campagnes sont trop « misérables pour se nourrir de seigle, ils ne vivent que d'orge, de châtaignes et de blé noir (1) (2). »

Malgré tout, à part une émigration temporaire dans les pays sans communaux, l'ouvrier rural n'a nullement l'idée d'abandonner la terre (3) ; il rêve à la proscription des chèvres, à la restitution des chemins usurpés ; à la création des routes, à la règlementation des bois, à la vérification des farines panifiables (4), à l'égalité des poids et mesures ; il récrimine contre le fournier (5)

---

(1) Richeprey : *Descriptions des sols de la Haute-Guyenne.*
(2) Il faudrait citer entièrement la courageuse protestation de M. de Richeprey contre les exactions dont il a été témoin dans son voyage : « Il y a des seigneurs aussi grands par leurs vertus que par leurs aïeux... ces hommes nés pour le bonheur de l'humanité sont bien rares... mais depuis que tant de races se sont anéanties par un luxe effréné, par d'odieuses débauches et une lâche servitude, les possesseurs des grandes terres tourmentent, vexent et persécutent les vassaux sans défense ou protecteurs, ou ils viennent dans les campagnes jouir des rapines de leurs gens d'affaires et porter le poison de leurs abominables mœurs... La pensée d'un lâche silence me révolte ; s'il est permis à l'exclave de mordre sa chaîne, il me le sera bien sans doute de soulager mon cœur et d'élever ma voix pour le secours des peuples livrés tour à tour à l'injustice, à la barbarie, et à l'atrocité de presque toutes les passions de l'homme riche et puissant. » — Archives Départementales de l'Aveyron, C. 1546.
(3) Cf. Georges Lefebvre, Op. cit., p. 292.
(4-5) Archives Communales. — Délibération de Sainte-Eulalie, 1792.
« 1° Les personnes qui font du pain pour vendre mêlent des légumes ou autre chose au blé afin de rendre le pain plus pesant.
2° La plupart du temps le pain n'est pas cuit ou à demi cuit, très souvent, il est emplâtré de charbon ou de cendres, d'autres fois, il sort du four à morceaux, les justes présentations faites au fournier ne peuvent que l'aigrir davantage. Il ne prend pas la peine de savoir qui fait au four, il ignore le nombre de personnes de sorte que tantôt le four n'est point

et par-dessus tout, il rêve au maintien des droits d'usage et peut-
être, qui sait? au partage des communaux. Aussi, quand les
conventionnels voudront, par la vente des biens d'émigrés et
le partage des communaux, faire autant de propriétaires que possible, ils répondront aux besoins intimes d'une plèbe naissante.
Ses aspirations, d'ailleurs, sont bien modestes si l'on en juge
d'après ces vœux trouvés sur un registre de notaire :

> « Qui a du bon vin et du pain d'orge
> Et du lard pour s'oindre la gorge,
> A sayneté et ne doit rien
> Peut bien dire qu'il est bien. » (1) (2).

Il y a au diocèse de Lodève (3), 52 gentilshommes, 174 bourgeois, 267 marchands, 1567 artisans, 2319 laboureurs, 5290 femmes, 16.659 enfants et 263 mendiants ; au total : 26.591 individus

---

à demi plein, tantôt il ne peut contenir toute la pâte... et ce qui gêne,
c'est qu'il met chaque individu à contribution pour le droit de fournage.
Anciennement, chaque individu avait le droit de cuire pour telle chose ;
aujourd'hui, chaque individu doit payer un gros morceau de pâte à la
volonté du fournier ; ou la banalité est supprimée et chacun peut construire un four où elle ne l'est pas et on doit revenir à l'ancienne taxe.»

(1) Archives Paroissiales, *Bulletin Paroissial La Couvertoirade*, Caubel, Op. cit.

(2) Avant la Révolution, il y avait de voisin à voisin de même condition des échanges de repas de famille. C'est peut-être à ces habitudes
hospitalières que les habitants de la Cavalerie doivent leur réputation
de gros mangeurs. Un des divertissements du Carnaval les plus en faveur
parmi la jeunesse consistait à barioler une belle chemise de mille rubans
du col à la ceinture et à se promener sous ce costume singulier. A leur tour
les femmes, non pas les filles, revêtaient des costumes d'hommes qui les
rendaient méconnaissables ; celles qui conservaient l'incognito passaient
pour des héroïnes.

On avait aussi l'habitude de charivaris monstres présidés par les ma-
gistrats.

Cf. *Livre de Paroisse La Cavalerie.*

Dans toutes les paroisses, il y avait toujours un lieu préféré pour la
danse, généralement un arbre au milieu d'une prairie dénommée Mas de
Carrol. Cet usage s'est maintenu au point d'être parfois une véritable
servitude du champ.

Néanmoins Richeprey note que la misère est si grande dans le diocèse
de Vabres que l'homme ne vit pas au-delà de 50 à 60 ans et que les familles
nombreuses sont très rares.

(3) P. M., *Lodève en* 1768. La moyenne par feu serait d'environ 4.8.

et 2533 feux. Sur le plateau, la plus forte commune est le Caylar avec 105 feux ; La Vacarie, 91 ; Pégayrolles, 68 ; Les Rives, 50 ; Saint-Michel, 48 ; Saint-Maurice, 46 ; Sorbs, 34 ; Le Cros, 41 ; Partlages, 15. Dans la portion du Larzac qui n'est pas du Languedoc (1), les villages semblent plus peuplés. Canals a 433 habitants.; l'Hospitalet, 389 ; La Couvertoirade, 460 ; La Bastide-des-Fonds, 159 ; Saint-Caprazy, 188 ; Saint-Martin-de-Vican ou la Liquisse, 485 ; la Cavalerie, 589 ; le Viala-du-Pas-de-Jaux, 273 ; Sainte-Eulalie, 660 ; Saint-Geniez, 229; Sauclières, 688. Sur les flancs, nous voyons : Saint-Rome-de-Berlières, 126 ; Saint-Xist, 174 ; Bouviala, 130 ; Le Clapier, 326 ; Cornus, 858 ; Saint-Paul, 325 ; Tournemire-Roquefort, 460 ; La Bastide, 363 ; la Panouse, 284 (2).

Si l'on en juge d'après les statistiques données par le livre de l'Epervier (3), la population serait sensiblement plus élevée en 1780 qu'au Moyen-Age. Réparti sur 4 siècles, l'accroissement est insignifiant, mais il faut tenir compte qu'à l'époque où fut effectué ce recensement, le Rouergue n'avait pas eu de grands troubles depuis 100 ans et que les ravages des grandes compagnies et de la peste noire furent postérieurs. L'augmentation de la population date surtout de la fin des guerres des camisards. Si l'on compare les chiffres donnés plus haut avec ceux donnés en 1726 par le Dictionnaire Laugrain, on verra que la population s'est fortement accrue.

Les statistiques (4) montrent qu'il y a eu à l'époque qui nous intéresse un mouvement très actif de population : En prenant pour base l'ensemble des paroisses du plateau, les actes de l'état civil de 1779 à 1789, enseignent qu'il naît 4, 5 enfants pour un mariage ; il meurt 2,7 personnes pour un mariage et pour

---

(1) Archives Départementales de l'Aveyron, C. 1546, *Population du Diocèse de Vabres.*

(2) Saint-Félix 895 ; Nant 850 ; Saint-Jean-du-Bruel 1751 ; Les Cungs 92, etc...

(3) Cf. **Molinier** : *Le livre de l'Epervier.*

(4) Cf. *Statistiques* 1779-98.

3 décès, il naît un peu plus de 5 enfants; enfin, fait significatif, les mariages sont rares, car on n'en compte qu'un pour 8 actes de l'état civil. Mais le détail de ces chiffres donne une idée plus exacte de la situation.

Constatons d'abord l'extrême différence dans la proportion des naissances pour un mariage ; elle va de 2.6 (1) à 7.8 (2) ; le chiffre des décès varie également de 1.1 (3) à 3.9 (4) ; l'excédent des naissances sur les décès est tantôt peu élevé (5) : 1.09 ; tantôt très fort comme à Madières avec 4.2 ; dans certains villages comme Sainte-Eulalie, La Cavalerie, et surtout Fondamente, on se marie très peu (12.2) ; à Canals, en revanche, il n'y a que 6 actes, 2 pour un mariage. La vie moyenne de l'homme est sujette à de brusques variations de 52 ans 11 mois à Saint-Jean, elle tombe à 19.6 à Sainte-Eulalie.

La comparaison des colonnes entr'elles permet de dégager des conclusions assez curieuses :

1° Dans les pays où l'on se marie le moins (6), la proportion des naissances pour un mariage est littéralement énorme : 7.8 à la Bastide-des-Fonds ; dans certaines paroisses (7) où l'on se marie deux fois plus, il naît deux fois moins d'enfants ; à la Tour, on compte trois fois plus de mariages qu'au Coulet ou à la Bastide-des-Fonds et il y a trois fois moins de naissances.

2° La proportion des décès pour un mariage est très forte dans les pays où l'on se marie très peu, mais où il y a beaucoup d'enfants (8) ; elle est très faible à Madières, où il y a beaucoup d'enfants et assez de mariages.

3° L'excédent des naissances par rapport aux décès jouant avec la durée moyenne de la vie aboutit à des conclusions para-

(1) Sauf la Bastide des Fonds.
(2) Navacelles.
(3) La Bastide des Fonds.
(4) La Tour.
(5) Sainte-Eulalie.
(6) Le Viala.
(7) La Cavalerie, Sainte-Eulalie, Fondamente, Le Coulet, Bastide des Fonds.
(8) Canals.
(9) La Cavalerie, Sainte-Eulalie, Fondamente, Le Coulet, sauf toutefois la Bastide des Fonds.

doxales. Ici (1), la moyenne est de 52 ans 11 mois ; or, le taux d'accroissement est de 1.8. Là (2), la moyenne n'est que de 19 ans 6 mois, le taux d'accroissement est de 1.7. Ailleurs (3), la moyenne est de 31.9, le taux d'accroissement = 4.2.

4° Enfin, si c'est généralement dans les pays où l'on se marie le plus (4), que la vie moyenne est la plus élevée ; ce n'est pas là où l'on se marie le moins (5), que la vie moyenne est la plus basse.

On pourrait indéfiniment faire ainsi jouer les chiffres les uns par rapport aux autres, sans trouver la clef du mystère.

L'examen géographique de quelques paroisses types donnera d'autres éclaircissements.

1° Madières est un petit hameau perdu dans les gorges de la Vis ; la population est très prolifique (6.3) ; on s'y marie assez peu (8.8) ; mais la vie moyenne n'est que de 31 ans 9 mois. Est-ce à cause de la mortalité infantile ? Non, car le taux d'accroissement est de 4.2 ; c'est uniquement à cause de la vie extrêmement pénible du paysan due à la situation du village. Le paysan de Madières doit non seulement traîner ou pousser comme sur le Causse : pour cultiver ses champs en pente, un effort de traction continuel est nécessaire. Aussi il meurt dans la force de l'âge. Par contre, une alimentation meilleure permet une mortalité infantile très réduite.

2° Sur les assises inférieures du Larzac à Saint-Jean-d'Alcas, la culture se fait dans les mêmes conditions que sur le Causse ; c'est sans doute pour cela que la mortalité est un peu plus élevée qu'à Madières faute d'alimentation. Mais les gens vivent sur les vastes communaux ; sans être agréable, la vie n'y est pas pénible comme à Madières ; la durée moyenne de la vie est de 52 ans 11 mois.

---

(1) Saint-Jean-d'Alcas.
(2) Sainte-Eulalie.
(3) Madières.
(4) Canals Saint-Jean.
(5) Le Coulet.

3° Reste le groupe des communes du Causse, telles que Le Caylar, Le Cros, le Coulet, la Cavalerie. Prenons pour type Sainte-Eulalie qui, par sa commanderie, peut être considérée comme la capitale administrative du Larzac.

Constatons tout de suite que pour un mariage, le taux des décès est de 3.9 ; le taux d'accroissement est de 1.7 ; la vie moyenné de l'homme est de 19 ans 6 mois. Une mortalité infantile énorme peut seule expliquer des chiffres pareils. Ce n'est pas une épidémie, car il en est à peu près de même dans toutes les paroisses du Causse ; d'autre part, le détail des actes prouve que l'âge des décédés reste toujours constant ; la mortalité infantile est chose normale sur le Larzac ; elle est malheureusement exagérée ; ce sont les tout petits enfants qui meurent ; en 1781, par exemple, sur 24 décès à Sainte-Eulalie, 8 enfants sont morts à l'âge de 1 jour, après avoir été baptisés ; 5 entre 3 et 16 mois ; 5 entre 4 et 20 ans ; 1 homme meurt à 33 ans, et les autres entre 60 et 82 ans ; ainsi sur 24 décès, il y en a 18 de moins de 20 ans. Pourquoi une pareille mortalité ? Ce n'est pas seulement parce que le pays est pauvre ; il l'est partout (1) ; c'est parce que le pays est surpeuplé ; ceci amène à constater que la natalité est très forte sur tout le Larzac ; à Sainte-Eulalie, pour un mariage, le taux des naissances est de 6.8.

Rien ne permet d'affirmer qu'il naisse 6 à 7 enfants de chaque mariage ? Il est probable seulement que des enfants sont venus naître dans la paroisse alors que le mariage de leurs parents a été béni ailleurs.

Le Larzac est donc un pays d'immigration. L'origine de ceux qui reçoivent les sacrements fait connaître quelques courants d'immigration. Les gens quittent les pays schisteux pour les pays calcaires ; les premiers situés sur la rive droite du Tarn ou dans les Cévennes ne donnent que du seigle ; dans les seconds, on peut

---

(1) Dans tous les villages du vallon où il n'y a que la terre glaise excellente pour le froment, la vie moyenne est supérieure aux villages du causse en général ; mais les villages sont moins peuplés, car la terre est très pénible à cultiver et il y a peu de communaux.

récolter du blé froment. Les pays où tout est déjà défriché, comme Saint-Rome-de-Cernon, sont abandonnés ; la population va soit dans la plaine du Languedoc où la terre est meilleure, soit dans les pays à pâturages susceptibles d'être défrichés.

3° Les bras suivant toujours les capitaux, l'immigration a lieu dans les pays où en plus de la culture des terres, il y a certain maniement d'argent occasionné soit par le roulage, sur la route d'Auvergne, soit à Roquefort par l'industrie.

4° Enfin, tous les ouvriers agricoles, tous les « Jean sans terre et Jean sans écus », se portent vers les pays à communaux.

5° Mais, à toutes ces raisons purement économiques, s'ajoute un facteur politique qui fait du Larzac un point d'attraction. Les communaux restant indivis tout nouveau venu peut y faire des défriches et participer ainsi sans contrôle comme sans limites à la jouissance commune.

L'étendue même des communaux suffirait à justifier toutes les convoitises. A l'heure actuelle, à la Cavalerie, après des aliénations qui ont porté sur plusieurs centaines d'hectares, 3 hectares sur 4 sont communaux, 2 sur 3 au Viala, 2 sur 3 à la Couvertoirade, etc.

Aussi bien peut-on expliquer les chiffres qui précèdent en fonction des communaux ; après un coup d'œil rapide sur leur origine, on examinera l'état de la question à la veille de la Révolution, le rôle de ces terres incultes pendant le XIXe siècle et leur situation à l'heure présente.

9. — Origine et situation des communaux.

L'origine des communaux se perd dans la nuit des temps. Des controverses (1) très animées ont eu lieu pour savoir à qui pouvaient bien avoir appartenu ces terres incultes, la ques-

---

(1) Plagniard *Les droits d'usage sur la forêt d'Aubrac et les biens communaux*, p. 25 et surtout bibliographie.

tion n'est pas encore tranchée. Quoiqu'il en soit, on n'a pas assez fait remarquer que le seigneur, pour tirer un profit quelconque de ses terres, était dans l'obligation absolue d'en permettre l'usage aux habitants et ces derniers pour pouvoir vivre devaient de toute nécessité, couper du bois à la forêt et faire paître sur les vacants. Un accommodement de fait était indispensable ; le seigneur avait donc le domaine éminent sur les communaux (1) ; en revanche, il prenait à son compte les frais de justice, l'entretien des prisons et la nourriture des prisonniers. Un bail à ferme du domaine de Pradeilles (2), vers 1070, fait rentrer les serfs dans le cheptel. Le fermier peut en disposer à condition de rendre à la sortie ce qu'il a trouvé à la rentrée ; d'ailleurs, la plupart des chartes de ce temps spécifient que les donateurs donnent les hommes avec les terres (3). Dès lors, l'homme n'ayant point la libre disposition de sa personne, il est oiseux, nous semble-t-il, de rechercher la condition juridique des terres incultes.

Mais, vers les XIIᵉ et XIIIᵉ siècles, l'émancipation des serfs, présentée parfois comme un mouvement politique se propage de plus en plus sous l'influence très nette du christianisme. Un autre acte (4), du même domaine de Pradeilles, nous donne un exemple d'affranchissement : « Nous délivrons de tout joug de servitude avec tous leurs biens présents et futurs ces serfs et serves..., de telle sorte qu'ils puissent aller librement là où ils voudront et que jamais ils ne puissent être réclamés comme serfs par aucun membre de notre famille..., car Il a dit : Pardonnez et il vous sera pardonné et aux apôtres, vous êtes tous

---

(1) Il ne faut pas confondre biens patrimonaux et biens communaux, les premiers sont ceux dont la commune jouit par elle-même et dont elle perçoit, s'il y a lieu, les revenus, sans que les habitants en tirent directement un profit personnel. Les biens communaux sont ceux dont les habitants ont la jouissance en nature.

(2) Saint-Jean-d'Alcapies : *Livre manuscrit* Mazel, article Pradeilles.

(3) *Revue Historique du Rouergue*, Hermet, Op. cit., article Saint-Caprais et L'Hospitalet.

(4) Mazel, Op. cit., article Pradeilles (pas de date).

frères ; si donc nous sommes frères, nous ne devons réduire en servitude aucun de nos frères comme s'il nous le devait..., etc.»

C'est de la fin de cette période (1) que datent, à notre connaissance, les premières concessions officielles de communaux (2). Il est curieux de constater à travers les siècles que si la nécessité reste la raison profonde de ces concessions, les motifs offrent une grande variété, tantôt ce sont des motifs purement pécuniaires : l'an 1281, le Seigneur de Vissec « pour ses besoins urgents et payer ses dettes ruineuses vend définitivement aux communautés de Vissec et Latude, à l'exclusion de tous autres, les pacages et bois de tout son district », mais les biens aliénés sont placés sous le régime forestier ; réserve est faite de « ne pouvoir faire des arbres que des poutres, bois à brûler, vases et autres objets nécessaires... ; prohibons toute concession de bois et forêts à des étrangers... ; une partie de la forêt est mise en réserve : défense d'y ramasser des glands, mais permission d'y conduire les porcs... nous réservant personnellement le droit d'y conduire nos troupeaux et d'en vendre les poutres... » (3).

La concession du bois de l'Allemand (1403) à l'Hôpital-Guibert, est commandée à la fois pour des raisons d'ordre militaire et pour attirer les étrangers « vu que le lieu de l'Hôpital Guibert n'a qu'un territoire restreint d'herbages et de bois..., vu le Bosquet-d'Alaman où les habitants n'ont pas la faculté de faire paître et de couper des arbres, de sorte que si cette faculté n'est pas concédée, les habitants ne pourraient pas avoir de quoi vivre et, par conséquent, la défense de la forteresse ne pourrait

---

(1) En 1229, le seigneur de Pégayrolle concède par écrit le droit de pacage et lignerage, aux habitants de Pégayrole et à quelques hameaux. Archives Départementales de l'Hérault, Dossier Pégayrole mentionné et incoté. Pas de motifs.

(2) En 1302, dit Bosc, le roi envoya en Rouergue, trois commissaires avec ordre d'y abolir la servitude, de donner la liberté aux serfs de ses domaines et il engagea tous les seigneurs à faire de même... afin qu'ils soient des hommes libres.

(3) Archives Départementales de l'Hérault, *Dossier Sorbs*. Ce n'est pas l'acte lui-même mais une copie. Il y a en note : « Les forêts ou bois ont été détruits par les usagers, même la partie réservée par le ci-devant seigneur, surtout depuis et pendant la Révolution. »

pas être assurée, vu la grande route qui passe dans ledit lieu et que suivent les hommes d'armes. » Concession est faite « pour qu'ils puissent habiter dans ledit lieu et pour que d'autres aient l'occasion d'y venir à nouveau et y habiter » (1).

Ailleurs, le Seigneur est poussé par la charité ; il en est ainsi à Saint-Geniez-de-Bertrand et à Roquefort (2), où le seigneur d'Armagnac abandonne les communaux « pour le soulagement des pauvres » ; la libéralité se couvre parfois d'une redevance de pure forme : c'est ainsi, qu'en 1446, l'abbesse de Nonenque cède aux Saint-Jeantais d'immenses territoires moyennant 20 sols.

En 1433, une transaction termine un long procès entre le seigneur et la communauté de Tournemire (3) : les habitants pourront aller à la coupe au bois de Fajas, réserve absolue est faite pour le bois de Jaux ; chaque habitant pourra tenir 320 brebis ou chèvres, sans compter les agneaux. Ledit seigneur sera tenu de donner tous les ans « une charretée de 6 setiers de froment en pain cuit, le dimanche de la Passion. »

Chaque habitant, tenant parc, payera 1 agneau et 1 fromage par « cabane ». La redevance en argent est de 22 livres pour l'en-

---

(2) Renseignement donné par M. l'abbé Hermet, curé de l'Hospitalet, anciennement Hôpital Guibert.

(3) Le seigneur concède en outre le tènement du Ségala et un four sous la censive de 6 setiers avoine pour le 1er et pour le second, 16 sous tournois payables chaque année à la St-Julien au pied de la tour de la forteresse. Il est bien spécifié que les ventes et laudimes appartenant au domaine direct sont réservées. Autorisation est donnée « de recevoir, couper et emporter du dit bois toutes les branches sèches de n'importe quelle espèce qui auront été coupées par le vent ou autre accident qui n'est pas le fait de l'homme et aussi de couper les branches basses qu'on peut atteindre et par terre avec une hache sauf pour les pommiers, pruniers, frênes et poiriers sous peine de 60 sous. » La dernière phrase est très importante, car nous verrons au XIXe siècle accuser le droit de parcours sur les propriétés privées d'empêcher absolument la plantation d'arbres fruitiers. Or si aujourd'hui il n'y a pas d'arbres fruitiers sur le Larzac cette phrase prouve que la dépaissance communale est cause de leur disparition.

Archives Départementales de l'Aveyron, *Dossier Roquefort*, mentionné incoté.

(3) Archives Communales de Tournemire. *Incoté.*

semble. Le garde champêtre fourni par le seigneur est payé en nature par les habitants proportionnellement au nombre de bêtes de labour. A Cornus (1), la concession, en 1421 « du bois et devois du Guilhaumard par Noble Rigal de Roquefeuil et Sicard d'Iches » sous la cense de 22 setiers avoine se complique de la faculté « d'associer à leurs droits tels étrangers qu'ils trouveront à propos, source pour plus tard au moment du partage, de difficultés absolument inextricables (2).

Le plus souvent les concessions de communaux prennent la forme de colonat partiaire : on sait que dès le XIe siècle, par donation ou acquisition, les Templiers possédaient sur le Larzac d'immenses territoires contenant environ 12 à 15000 hectares (3).

Mais quand l'affranchissement des serfs et de leurs biens fut chose faite, il fallut songer à donner un statut aux terres vacantes. L'acte de 1327 nous indique le moyen employé qui se généralisa bientôt : les parties les moins pauvres de la Devèze furent délimitées et condamnées à être défrichées. Les parties mauvaises devaient être réservées pour la dépaissance commune, mais les habitants eurent la priorité de défricher moyennant un pourcentage variable de la récolte (4).

Lors d'une concession à Sainte-Eulalie, le seigneur s'était réservé la faculté de donner à des étrangers les terres abandonnées par les indigènes. A la Cavalerie (5), les droits réservés aux indigènes furent étendus aux étrangers avec une restriction intelligente : il leur fallait 1 an de résidence et avoir manifesté par serment la volonté de se fixer pour toujours dans le pays.

---

(1) Archives Communales *Cornus*. Délibérations, 1822.

(2) On verra en l'espèce des particuliers des communes voisines exhiber des transactions de 1717 leur donnant droit en tant que particuliers sur les communaux à partager. Dans l'impossibilité absolue d'y comprendre quelque chose, les experts, laissant crier, trancheront au petit bonheur.

(3) Pour obtenir ce chiffre, il suffit d'additionner la contenance des 4 communes sur lesquelles ils avaient juridiction absolue.

(4) Livre de paroisse de la Cavalerie : « Hoc salvo et retento quod habitatores de cavaleria teneuntur et debeant excolere et laborantiam facere indicto territorio in illis partibus in quibus commodo excolere et laborantiam facere poterunt. Quod nisi facerent præceptos dictæ domus (sanctæ Eulaliæ) possit hoc facere fieri. »

(5) Un autre acte de 1316 avait déjà concédé des paturages.

Cette terre est concédée « ex nunc et in perpetuum » sous la cense annuelle de 125 livres, la dîme et le quint des grains, les glands des nombreux chênes sont réservés. On peut couper des arbres, mais sans les arracher. La moitié de la cense est payable à la Noël, l'autre moitié, à la Purification (2 février). Mais, en même temps que ces concessions, une règlementation étroite, datant de 1317, et qui durera jusqu'à la Révolution, prévoit tous les abus : après quelques articles relatifs à la voirie urbaine, à l'hygiène, à la morale, à la vie chère (1) (déjà !), l'acte de 1317 (2) met en réserve la chasse (3) et la pêche, puis :

1° Il interdit de mettre en culture des pâturages, sauf autorisations précédentes ;

2° De couper du bois en dehors des lieux accoutumés, surtout le bois vert ;

3° D'utiliser le fumier ailleurs que sur les terres où paissent les troupeaux qui le produisent ;

4° Il est interdit d'amener les troupeaux étrangers sans permission sur les territoires de la commanderie.

Les mêmes privilèges avec leur règlementation furent maintenus à travers les siècles et confirmés souvent en 1526, 1687, etc... (4).

Toujours actuelle l'affaire des communaux de Millau et de la Cavalerie (3) va nous conduire au XVIIIe siècle. Bien avant 1280, les habitants de la Cavalerie jouissaient du Ségala à la 7e gerbe et de tout ce que l'on appelle « pièces » ou « olimparra » exempts du droit de parcours, mais à la 11e gerbe. En octobre

------

(1) Défense de vendre du vin sans l'avoir fait crier. etc.
(2) Cf. *Bulletin Paroissial de la Couvertoirade*, 1326-27.
(3) Défense de chasser le cerf et le chevreuil.
(4) On remarque toutefois que la règlementation des bois devient de plus en plus étroite : en 1586, il est défendu de vendre le bois propre à faire des outils aratoires et sans autorisation de couper les arbres propres à faire les poutres ou les planches. La Révolution devait faire table rase de toutes ces défenses. Il en résulte qu'il n'y a plus dans ces territoires même un petit buisson.
(5) Archives Communales *La Cavalerie*. Incoté.
Archives de Millau. Il y a de pleines étagères de liasses à ce sujet.

1280 eut lieu un litige considérable entre les habitants de Millau et le commandeur de Sainte-Eulalie. Les premiers prétendaient avoir le droit « ab antiquo » : 1° de mener leurs troupeaux sur le Larzac et de les abreuver aux mares ; 2° d'extraire de la tuile sur ce territoire ; 3° de couper du bois gros et menu dans les forêts. Le commandeur soutenait que les templiers étant propriétaires exclusifs du Larzac par acte public, aucune servitude ne pouvait être tolérée. Le Sénéchal de Rodez arbitra, le 5 des ides d'octobre 1280 « pro bono pacis et per in perpetuum » : 1° Les templiers conservaient la pleine propriété du territoire ; 2° les habitants de Millau conservaient la jouissance du pâturage, mais la faculté de défricher était réservée strictement au commandeur et à ses mandataires.

Après de nombreuses vicissitudes, les habitants de Millau obtinrent en 1614 la pleine propriété d'un certain territoire, le statu quo étant maintenu pour le surplus (1).

La volonté populaire est parfois l'origine de certains communaux.

C'est ainsi qu'à la suite de la dépopulation due aux troubles incessants des XVIe et XVIIe et même XVIIIe siècles, les habitants de Saint-Michel réduits en nombre, vers 1750, mettent leurs terres en commun « pour la commodité des pâturages ». « Et le seigneur voulant imiter les habitants fit abandon à la communauté » (2).

Jetons maintenant un coup d'œil d'ensemble : à Sainte-Eulalie (3), le patus et vacant est soumis à la 5e gerbe, le Ségala à la 7e et l'immense Devèze qui exige plusieurs heures de marche pour en faire le tour doit payer la 4e gerbe. On paye, en plus, 1

---

(1) Pour indiquer à la jeunesse la limite précise des communaux, les consuls de Millau prenaient chaque année tous les enfants sur le plateau, et après une fessée mémorable sur les frontières, une collation achevait la promenade. Cf. Affre, *Dictionnaire : Communaux*.

(2) Archives Communales *Saint-Michel*. Délibérations 1881. La preuve en est faite par le cadastre du 8 février 1586 « et par les limites de ces parcelles qui sont encore reconnaissables. »

(3) Archives Départementales de l'Aveyron, C. 1546 pour tout ce qui suit.

gerbe pour les bois (1). On regarde les communaux comme très avantageux à la communauté. A l'Hôpital Guibert, les habitants ont le droit de pacage et de chauffage dans le bois de l'Allemand : ils payent pour cela deux sols par maison. On ne cultive les bois que par tolérance de l'abbé Dupas, dernier seigneur. A Cornus, les 2 communaux de Saint-Véran et Rousquenoux contenant 400 sétérées sont encadastrés et non alivrés. Les habitants payent 54 setiers d'avoine et 31 livres 40 sols.

A Sauclières, les habitants payent 6 setiers d'avoine et le 1/4 de tous les grains ; pour le bois de chauffage, chaque famille paye un boisseau avoine, plus 2 boisseaux pour chaque vache ou bœuf ; le total doit faire les 6 setiers. A la Couvertoirade, le grand communal est à la 5ᵉ gerbe ; au Viala, jusqu'en mai 1469, les habitants payaient au total 60 livres.

En 1687, le seigneur qui s'en était réservé une partie, l'abandonne pour 10 sols de plus. Il y a, en plus, le droit de champart.

Nous avons vu plus haut, l'immense étendue des communaux. Le droit à la dépaissance est parfois plus étendu (2) et porte sur des milliers d'hectares : en 1639, il est constaté que Saint-Michel a droit sur les terroirs de Pegayrolles, Saint-Vincent-de-Gouttes, la Vernède. Le Caylar peut faire dépaître sur les territoires du Cros, de Saint-Félix-des-Rives, de Pégayrolles « lesquelles facultés ils possèdent depuis un temps immémorial » (3).

Il n'est pas permis aux habitants (4) de partager les communaux. Ils doivent en user en commun suivant les observations de Denisard. V. 5, p. 171 au Tome 1ᵉʳ de l'édition 1773, où il observe que la nature et la forme des communaux ne peuvent être changés par les habitants. Despeïe, tome I, Descontrats 1, 3, 4, 128, observe que l'un des habitants ne peut demander la division même si le communal est commun à plusieurs villa-

---

(1) Nous avons parlé ailleurs des taxes de paturage peu importantes.
(2) Archives Départementales de l'Hérault, C. 3996. Dénombrement des biens et droits des communautés du diocèse de Lodève en 1639.
(3) Vu l'extrême importance sociale que nous donnons aux communaux, il est bon de noter ici que l'objection sur la faible étendue de ces terres dans certaines communes comme le Caylar tombe d'elle-même.
(4) Archives Départementales de l'Aveyron, *Dossier Roquefort*, incoté.

ges : arrêt de 1603, Pierre, contribuable dans 3 communaux et ne résidant que dans un, se trouverait lésé en cas de partage (1). En revanche, il est permis de les affermer. M. de Catelan, III, 40, rapporte un arrêt du 7 août 1694, ordonnant l'afferme des communaux, le prix devant payer certaines dettes. Un arrêt de la Cour des Aides de Montauban, enregistré à Millau, à la requête du procureur du roi, ordonne l'afferme des communaux pour mettre le prix en moins imposé. La municipalité de Millau a ses biens affermés. Le 20 janvier 1697, sur un procès devant la Cour des Aides de Montauban, il fut décidé que deux prud'hommes règleraient le bétail qui peut dépaître dans la taillable de Roquefort, ensuite chacun des taillables ne pourra faire dépaître qu'à raison de son allivrement terrier.

Le Parlement de Toulouse, par un arrêt du 2 septembre 1786, confirma deux délibérations de Roquefort dans le même sens. Il est donc démontré que la participation à l'impôt a été et restera la mesure de la participation à la dépaissance et à la distribution du prix de ferme. Dans les administrations provinciales, on constate moins d'intransigeance ; sans doute, on avait projeté de partager les communaux pour améliorer la culture..., mais, au dos de certains rapports (2), on voit apparaître des idées nouvelles : le partage serait un moyen de provoquer les mariages ; il rendrait l'homme citoyen, car l'homme sans terre est un vagabond ; enfin, « il y a longtemps qu'on dit nulle terre sans seigneur..., il vaudrait mieux dire, nul homme sans terre ». Les procès relatés plus haut témoignent en effet d'une certaine effervescence : le XVIIIᵉ siècle voit partout les naissances excéder les décès, mais dans les pays où circulent les capitaux comme à Roquefort ou à la Cavalerie, de nombreux étrangers viennent chercher du travail, l'hiver ils vont faire des défriches. Or, les possesseurs des bonnes terres — les riches — sont ennemis des défrichements qui leur enlèvent les meilleurs pacages. A la Cavalerie, plusieurs délibérations concèdent aux pauvres le quartier

---

(1) Un cantonnement à la Vernède en 1750 dément cette théorie.
(2) Archives Départementales de l'Aveyron, C. 1687. Exemple de Metz : en marge.

des Roussettes si infertile que d'après le proverbe : « un setier y fait 3 petites quartes »; or, l'acte de concession de 1327 prévoyait que les meilleures terres seraient défrichées. Les pauvres n'étant pas représentés à l'assemblée municipale n'écoutèrent rien. Ils continuèrent à défricher où bon leur semblait...

Peut-être étaient-ils secrètement encouragés par le commandeur dont les revenus étaient proportionnés à l'abondance des récoltes. Par ordre du commandeur, en 1725, on donne une sétérée de plus à chaque chef de famille, mais dans le quartier infertile. Malgré tous les procès-verbaux, les défriches continuent. Par de nouvelles délibérations, la municipalité ne peut que constater son impuissance. Grâce à un arrêt homologué à Toulouse, en 1774, elle peut néanmoins faire condamner les défricheurs. Cette mesure semble justifiée, car un mémoire dit : « s'ils peuvent se faire autoriser à leur gré, la Devèze ne sera bientôt qu'un vaste désert », mais les avocats justifiaient leur présence en disant que les clauses de la concession étaient trop obscures : on pourra défricher, dit-elle, dans les parties jugées favorables ; or les riches revendiquent ce droit pour la municipalité, tandis que les pauvres assurent que l'interprétation doit rester libre.

En 1779, M. de Mirabeau fit donner encore deux sétérées à chaque famille contrairement à tous les principes de proportionnalité aux impositions. Malgré tout, 48 défricheurs refusant de se soumettre, se syndiquèrent pour défricher encore. La situation était si grave que, par la liberté absolue des défrichements, les pacages allaient être interrompus. L'Intendant de Montauban envoya M. de la Fajolle et M. de Izarn faire une enquête. 37 défricheurs formant le 1/3 des chefs de maison furent cités en justice. Condamnés, ils nommèrent deux procureurs : les syndics des syndiqués. Le Sénéchal confirma la sentence. Le Parlement de Toulouse également. Les défricheurs durent payer les frais et 3.000 livres d'amende. Et parce qu'ils refusaient de se soumettre, trois meneurs furent emprisonnés (1).

____

(1) Il fallait notifier par huissier la sentence du Parlement. L'exaspération des syndiqués était telle qu'ils n'auraient pas reculé devant un crime : Aucun huissier ne voulut prêter son ministère. Antoine Savanier,

10. — Les luttes agraires et la législation révolutionnaire.

Saluons, au passage, de la génuflexion traditionnelle, la prise de la Bastille.

A Roquefort (1), la question agraire s'élève maintenant à une bataille de principes : les pauvres ne veulent plus admettre que la participation à l'impôt, soit la mesure de la participation à la dépaissance. Les terres, disent-ils, avaient été données aux pauvres ; or, 27 citoyens peuvent en bénéficier et 3 familles en tirent le plus grand avantage. Sur 65 chefs de famille, 55 demandent en suppliant le partage des communaux. Déjà, de bonne foi, ils avaient procédé à un premier partage et au tirage au sort des lots avec l'assentiment verbal du maire, mais quand ils voulurent défricher, on leur dressa procès-verbal ; ils s'étaient laissés « embéguiner ». Pour obéir aux lois, les suppliants demandent le partage ou tout au moins, en attendant l'autorisation de défricher, car « la misère complète l'exige absolument pour fournir aux premiers besoins. »

Sur ces entrefaites, l'Assemblée nationale, pleine de zèle, combla les vœux des malheureux : le compoix cabaliste fut supprimé et la dépaissance devint libre, mais les biens communaux furent encadastrés et leur allivrement, réparti sur les autres biens : et l'on vit encore les troupeaux devenus non imposables paître sur les terres communes, tandis que la foule des petits propriétaires payait maintenant l'impôt des terres dont les riches seuls avaient la jouissance. On conçoit la fureur de ces pauvres gens ; ils écrivent à leurs gouvernants pour leur rappeler fort

un des défricheurs devant passer à l'Hospitalet avec un char de blé, un huissier consentit à aller le saisir, mais aucun maître d'hôtel ne voulut remiser les objets saisis. Bientôt même la population de l'Hospitalet prenant fait et cause pour Savanier, arriva avec des fourches et des bâtons. L'huissier s'empressa de prendre la fuite.

Archives Communales de *la Cavalerie*, incoté, et surtout : *Livre de Paroisse de la Cavalerie*.

(1) Archives Départementales de l'Aveyron : *Dossier Roquefort.*

à propos les droits de l'homme méconnus (1). Mais les représentants du peuple font la sourde oreille.

Pourtant, sauf à la Cavalerie et Roquefort, la crise agraire est presque inexistante : les paysans répondent aux districts que les communaux ne leur appartiennent pas : Le fait que le seigneur paye les charges royales, la redevance en nature que lui payent les défricheurs prouvent son droit de propriété (2). D'autre part, l'augmentation des impôts est jusqu'à présent le seul résultat des idées nouvelles, aussi le chef du district envoie circulaires sur circulaires pour réchauffer un enthousiasme attiédi (3). Par ailleurs, la classe dirigeante est opposée au partage. Dans les diverses réponses des enquêteurs chargés de préparer la loi du 10 juin 93 (4), elle ne conteste pas le besoin en terre des prolétaires ; elle en tire même un argument très juste pour le maintien du statu quo : on a dit que dans tous les pays où il n'y a pas de communaux, l'aisance est générale, c'est vrai, mais c'est parce que les pauvres sont partis ; ils sont venus chez nous sur le Larzac où les terres ne coûtent rien d'achat et sont inaliénables et là le dissipateur et l'infortuné trouvent une ressource et même les moyens de sortir de la misère. Les objections économiques sont sérieuses ; si l'on partage, au lieu d'un berger commun, il en faudra un par famille, aussi le

---

(1) « Chaque citoyen foncier a un droit égal aux communaux... et si tous les citoyens sont égaux, chacun doit avoir une portion égale. Le reste est un abus, une survivance de l'Ancien Régime ». De plus « la misère actuelle générale presque dans tous les lieux et surtout à Roquefort exige impérieusement qu'il soit permis aux citoyens de défricher 2 sétérées pour subvenir aux premiers besoins. Le refuser serait faire acte d'inhumanité. » 20 janvier 1791. Cf. aussi : Archives Communales *Roquefort*. Incoté.

(2) Archives Communales, *Sauclières*, 6 février 1791.

(3) Archives Communales, *La Cavalerie*. Incoté, 10 novembre 1791.

« Songez à la suppression de la gabelle, ce fléau destructeur des troupeaux, à l'abolition de la dîme, à l'anéantissement des droits de toute espèce qui en frappant la consommation renchérissent les objets essentiels à la vie, à la suppression des corvées, à la suppression des milices qui frappaient les familles d'une funeste stérilité... si les peuples paraissaient se décourager en apercevant la portion de contribution qui leur est assignée en plus de 1790... dites-leur que les besoins de la nation l'ont exigé ».

(4) Archives Communales. *Délibération*.

nombre des troupeaux diminuera, car beaucoup de familles ne pourront payer le berger ; par suite, il y aura une inégalité plus grande entre les classes sociales. La Cavalerie, par exemple, a d'immenses communaux indivis avec Millau (1), seule, la Cavalerie en tire tout le profit ; si l'on partage par tête, elle perdra les 6/7 de ses ressources ; si l'on partage au marc la livre, combien de prolétaires urbains ne va-t-on pas mécontenter? D'ailleurs comment pourraient-ils tirer parti de terres éloignées.

Vers le début du Moyen Age, certaines terres communes, (ce sont, croyons-nous, les tènements de « Ségala »), avaient été partagées d'un commun accord sous la réserve que si elles restaient 3 ans sans être cultivées, un *nouveau venu pourrait s'en emparer* (2), mais, par le jeu des successions et des mariages « ces biens sont possédés depuis un temps immémorial ; ils ont été vendus et achetés par les différents particuliers d'âge en âge ; ces biens sont entrés dans le patrimoine des familles lorsque la dot a été payée au cadet » (3). Seule, la vaine pâture prouvait la propriété communale. Or les clauses féodales ont été supprimées ; ces terres doivent donc retomber en communauté, par suite, certains se verront spoliés d'un terrain payé par eux, tandis que ceux qui auront touché le prix retrouveront le fonds ? « Ne pourrait-on pas leur laisser invoquer la prescription, suggère le curé Agussol, sinon il y aura des troubles et des banqueroutes... je suis touché des raisons que disent ces bons villageois, gros possesseurs et endettés par suite de l'Ancien Régime : ils disent : « Si l'on veut partager les biens que je possède depuis

---

(1) **Bourgin** : *Documents inédits sur l'histoire économique* de la Révolution. Voir surtout : Lettre du Curé Agussol, article : La Cavalerie.

M. Bourgin fait certainement erreur quand il affirme qu'il s'agit de Sainte-Eulalie.

(2) Cette réserve subsiste encore dans les communaux non partagés de Saint-Michel.

(3) Archives Nationales F. 10333. Pétition du Curé Agussol au Comité d'Agriculture.

Cf. Bourgin, Op. cit., article La Cavalerie. Le curé Agussol qui joue ici à l'homme probe et désintéressé a trompé M. Bourgin : ces biens sont tellement bien rentrés dans le patrimoine des familles, que la famille Arnal — la sienne — en a une très grosse part. Il oublie de nous le dire.

un temps immémorial ou que j'ai achetés, que l'on partage aussi mes dettes ».

Se sentant débordé par les événements, on essaye de limiter les dégats : il faut de grandes étendues pour les troupeaux, dès lors, si l'on partage, il faut établir la moitié par tête ou par individu et le reste au marc la livre à proportion des contributions foncières. D'autres, enfin, devinant l'épuisement rapide d'une terre trop peu profonde, ont la vision très claire de l'avenir.

« Si la division définitive des terres a lieu : dans 20 ans, on verra les guerres civiles, c'est-à-dire le pauvre contre le riche. Ils demanderont la loi agraire et il ne manquera pas de factieux qui se serviront de ce moyen pour égarer le peuple et travailler contre la République » (1).

Mais dans les municipalités où le prolétariat était plus remuant, une raison supplémentaire s'opposait au partage ; les riches refusaient de traiter d'égal à égal, avec les pauvres : eux dont les familles étaient fixées depuis des siècles dans le pays ne pouvaient souffrir qu'on les comparât aux prolétaires nouveaux venus, sans biens comme sans honneur (2).

Malgré tous les inconvénients signalés, la nécessité d'attirer des partisans au nouveau régime fit voter la loi du 10 juin 1793 : le partage des communaux devait être fait par tête d'habitant domicilié, de tout âge et de tout sexe absent ou présent. Les bois étaient exceptés du partage. Le tiers des voix était suffisant pour y faire procéder. Le Procureur Guiraud, syndic du district de Saint-Affrique, envoya aussitôt des ins-

---

(1) Un premier décret de 92 avait ordonné le partage, il fut bientôt rapporté. Nous n'en avons pas trouvé d'application sauf toutefois à la Cavalerie. Délibération 1792, 20 mai.

(2) *La Cavalerie. Délibération* 1792, 23 janvier. On se demande « si les chefs de famille originaires de la Cavalerie et y habitant ont seuls droit au communal à l'exclusion de leurs cadets soit émancipés, soit en puissance de père ou si individuellement ces derniers peuvent prétendre à une portion de ce devois... et si les personnes qui depuis quelques années ou à l'avenir et par l'espoir de s'approprier une partie du communal ont acquis ou acquerront un logement à la Cavalerie, jouiront de la même faculté que les habitants naturels ».

tructions minutieuses aux 84 communes de son ressort (1) (2).

Mais les municipalités demandent des explications : De Rodez, on répond à Saint-Paul, que seuls les enfants âgés de 1 an au jour du partage y ont droit et leurs héritiers leur succèdent ; si les domestiques étaient domiciliés 1 an avant la promulgation de la loi du 14 août 1792, ils ont droit au partage ; les lots doivent être numérotés et chaque citoyen tirera au sort par lettre alphabétique (3) ; d'autres s'obstinent, malgré la loi, à repousser les enfants habitant au dehors pour raison d'éducation (4) (5); à d'autres, on répond que le droit aux communaux date de la promulgation de la loi, etc., etc. (6).

D'une manière générale, ne voulant pas du partage, les municipalités évitent de répondre (7), on accuse alors l'ignorance des maires, l'esprit réactionnaire de l'arrondissement, etc.

Au 14 prairial an II, certaines municipalités, sommées de donner des explications, négligent de répondre ; elles attrapent 20 sols d'amende. (Comprenhac) (8).

La plupart des municipalités veulent maintenir le mode antérieur de jouissance. L'agent du district envoie lettres sur lettres, au petit bonheur. Négret, maire de la Sentinelle, ci-devant Saint-Jean-du-Bruel, répond qu'il n'y a pas de communaux ; quelques jours après une nouvelle sommation le rappelle à l'ordre et il s'explique par cette lettre où l'on sent plus de crainte que de

---

(1) Archives Communales *Roquefort*. Lettre du procureur syndic du 25 juillet 1793, incoté.

(2) Constatant le manque d'enthousiasme général, il annule les partages déjà faits et conseille de partager.

(3) Archives Départementales de l'Aveyron. Correspondance révolutionnaire du district de Saint-Affrique.

(4) *Idem*.

(5) *Idem*. Correspondance révolutionnaire du district de Millau Saint-Beauzély.

(6) Partout on représente que « la loi de 93 doit être chère à tout patriote, car elle tend à augmenter les ressources de la nation et à vivifier des terres que l'égoïsme et la cupidité avaient condamnées à la stérilité».

(7) 41 municipalités répondent sur 84 dans le district de Saint-Affrique.

Boscary : *Evolution agricole de l'Aveyron*, p, 126.

(8) Archives Départementales de l'Aveyron. Correspondance révolutionnaire des districts de Saint-Affrique et Millau.

courroux : « Nous avons l'honneur de te dire, citoyen, qu'il n'y a dans cette commune aucuns biens communaux : nous avons seulement nos places publiques et notre esplanade où nous tenons nos foires, où nous dépiquons nos blés et que nous n'entendons pas partager, mais continuer à jouir en commun comme par le passé. »

Le 17 thermidor 1794, sur 8 communes du district de Montagne-sur-Sorgues, 3 ont délibéré le partage et 5 ont maintenu la jouissance commune. Aucun partage n'a été fait. Il semble d'ailleurs que les événements prennent plaisir à l'empêcher : à Saint-Georges, on y procède sur le terrain, mais à la Cavalerie, bien que voté en principe, on discute encore sur les étrangers nouveaux venus ; à Sauclières, 102 voix pour le partage et 43 contre, mais les communaux sont indivis avec Saint-Michel-de-Rouviac et les choses traînent en longueur ; à la Couvertoirade, les prolétaires sont en majorité, mais les riches tournent la difficulté : Si X est expert, nous refusons de payer les frais et le partage est ajourné dans le vacarme général ; ou bien, c'est quelque patriote qui fait du zèle : l'un d'eux observe, à Millau, que, suivant l'article 10 de la section I, avant de procéder au partage, les municipalités doivent justifier qu'elles n'ont pas de dettes ; or, Millau n'a-t-elle pas des dettes ? Une enquête est ordonnée avant de prendre une décision (1). Ailleurs, les paysans plaignent l'argent, mais ne voudraient pas mécontenter l'administration : « Inutile, répond le maire de Mostuéjouls, dont les communaux escarpés ne sont utilisés que par quelques chèvres. Inutile : ils ne valent pas les frais, mais s'il faut partager, faites-le moi savoir ». Enfin là on décide parfois de partager, car le paysan préfère avoir un lopin en propre qu'une étendue en communauté ; mais voilà, l'hiver il fait mauvais, au printemps il faut semer ; l'été les travaux pressent ; l'automne on laboure et

---

(1) Le dernier floréal de la République française dans le temple de la Raison, l'agent national fait observer que la dette pour achats de grains n'est pas du genre de dettes dont parle la loi de 1791. D'ailleurs il y a une loi qui passe outre. On décide de jouir en commun.

entre temps les disputes recommencent (1) (2) et en attendant
de se mettre d'accord, on afferme les herbages.

Dans quelques communes pourtant, on partagea (3). A la
Cavalerie, dès le dimanche 18 août 1793, le bureau de vote
resta ouvert toute la soirée, sauf à l'heure et pendant la durée
des vêpres. 120 votèrent pour et 59 contre, mais, sans doute,
l'opération ne put avoir lieu, car le 26 ventôse an II, une nouvelle
consultation réunit 139 voix de majorité et le 6 messidor, on
procéda au tirage au sort. A Roquefort et Tournemire (4), le
partage fut vite voté d'enthousiasme. Mais, du moins, pour
Tournemire, la loi de 1793 reçut deux petites entorses ; d'abord
on tint compte de la valeur du sol, ce que ne prévoyait point la
loi : dans la partie dite : du Ségala, chacun reçut l'étendue d'une
quarte de semence, c'est-à-dire une quarterée et un setier dans
la Devèze, c'est-à-dire une sétérée ; encore les parts variaient-
elles selon le terrain ; en dehors des passades soigneusement
tracées, chaque section était grevée d'une servitude (5) de passage. Pour la Devèze, on évita de partager les mines de sable.

La composition même des lots porta atteinte à l'esprit éga-
litaire de la loi : les lots des enfants furent placés d'office, malgré
la loi à côté du chef de maison (6) pour éviter le morcellement.

---

(1) Archives Communales, *Sauclières*, 6 octobre an II et 10 germinal
an II.

(2) A Cornus, 184 pour le partage et 15 contre. Partage non exécuté.

(3) A Saint-Jean, Saint-Paul, quelques renseignements aux archives
municipales.

(4) Archives Communales, Tournemire, Roquefort, incoté.

(5) Pour plus de détail, voir plans cadastraux de Tournemire Roquefort. Voir sur le terrain le Ségala de Tournemire.

(6) Archives Communales de Tournemire incoté : « Le 21 octobre 1793,
les officiers municipaux ont fait proclamer que le partage était fini et que
dans 8 jours on tirera le lot de chaque portion. Il fut décidé qu' « il
serait bon de mettre, en tirant les lots et portions, chaque famille ensemble
et que là où tomberait le chef de maison que chaque portion suive parce
que autrement ne serait pas aisé de travailler les portions soit par rapport à leur petitesse, soit à leur éparpillement ; ni ne serait pas non plus
aisé d'en faire paître les herbes et que aussi bien chaque enfant de famille
prendra sa portion à côté de celle de son père comme ailleurs, par conséquent un père qui a ses enfants en bas âge, qui a besoin d'exploiter ses
biens pour entretenir sa famille lui sera plus aisé de cultiver ladite portion

A Saint-Geniez-de-Beitrand, une partie seulement fut partagée ;
à l'Hospitalet, 87 ayant voté pour et 62 contre, le partage de la
totalité fut décidé par 12 voix en sus du tiers exigé. Nous
avons vu que la loi interdisait le partage des bois ; ici des
3 communaux : La Blaque, Les Bouzigues et l'Allemand, seul, en
définitive, le bois de l'Allemard fut partagé en 404 lots, chiffre
égal au nombre des individus au-dessus de 1 an (1).

Tel fut l'échec de la loi agraire du 10 juin 1793 (2).

Conclusion de la Première Partie

Ainsi presque partout les riches ne furent point lésés ; dans les
communes où le partage eut lieu, il leur fut même favorable ;
du moins pour les terres d'ancienne inféodation. Les diverses
clauses féodales étant abolies, ces terres devaient retomber
en communauté ; or on évita d'en parler et les possesseurs devinrent propriétaires. Mais comme ils étaient maintenant « chacun
en son particulier tenus de supporter les charges de ces mêmes
terres » (3), ils votèrent en plus, quoique inutilement, la suppression du droit de parcours.

La suppression pure et simple du droit de champart fut un
cadeau pour les propriétaires, car, dans la plupart des villages (4)

---

attenante et en tirera davantage... sur quoi se sont de nouveaux assem-
blés et ont convenu de tirer les lots comme ci-dessus... en conséquence
nous nous sommes transportés sur le terrain et après avoir fait tous les
billets nécessaires, les avoir tous numérotés et scrupuleusement pliés
et remis dans une hurne couberte d'un linge avons commencé la première section, etc... »

(1) Archives Départementales de l'Aveyron. Correspondance révolutionnaire du district de Millau. Incoté.

Ce partage illégal sera régularisé vers 1832 dans une forme encore
plus illégale par le rachat facultatif de chaque lot.

(2) Mais il s'en était suivi de nombreux défrichements : telles les forêts
de Sorbs et du Guilhaumard dévastées à cette époque, etc...

(3) La Cavalerie : Délibération 1793.

(4) Sainte-Eulalie, Cornus, Sauclières, etc...

les terres particulières, mais d'ancienne inféodation, en étaient
grevées ; tandis que pour les communaux cultivés par les prolétaires, le champart se transforma en impôt foncier ; mais alors
que l'ancienne charge n'existait que dans certaines de ces terres
communes, tous les communaux cultivés furent frappés par le
nouvel impôt ; le premier était en nature ; le second fut en numéraire ; l'un était aléatoire et proportionné, l'autre fixe et
disproportionné devait aller non plus au 1/4 de la récolte,
mais au 1/3, à la moitié, au 3/4 du revenu cadastral (1), quelle
que fut l'abondance de la récolte (2).

Enfin le droit de champart était temporaire c'est-à-dire lié
à l'existence ou non existence de la récolte, l'impôt mis sur
les défriches durait tout autant que la terre était encadastrée
au nom des particuliers.

La suppression de la dîme ne profita guère aux prolétaires :
dès longtemps des édits en avaient dispensé les terres nouvelle-
ment défrichées ; elle ne favorisa pas non plus les malheureux
qui bénéficiaient des services publics disparus avec elle ; elle fut
loin d'être utile aux fermiers, car « déjà, écrit un curé de campagne, les fermiers ont compris que le propriétaire au renouvellement du bail l'augmenterait d'une somme correspondante » (3).
Un arrêt de 1792 confirmant ces craintes ordonna, èn effet, aux
fermiers de tenir compte de la dîme supprimée aux propriétaires.
Ces derniers furent les seuls avantagés, car, en dehors de la plus
value du fermage, la suppression de la dîme fut pour eux une gra-
tification inattendue ; en achetant les terres, ils les avaient
payées, compte tenu de toutes charges, la disparition de ces
charges constitua leur bénéfice. Ainsi s'explique la conduite
singulière de ce prêtre de la Cavalerie qui, entre deux « Ça ira »

---

(1) Il est juste de reconnaitre que le revenu cadastral devait être inférieur au revenu réel.

(2) A l'impôt sur les défriches s'ajoutait le nouvel impôt sur les anciennes terres privilégiées dont les communaux faisaient partie : ainsi
la suppression des censes n'était plus qu'un leurre.

(3) Maurice Anglade : *De la sécularisation des biens du Clergé sous la
Révolution*, pp. 88 et suivantes.
Livre de paroisse La Cavalerie.

lancés des fenêtres du presbytère, résumait en ces mots, du haut de la chaire constitutionnelle, les bienfaits des idées nouvelles : « l'abolition de la dîme et le sel à bon marché » (1).

La vente des biens nationaux a-t-elle eu plus de portée ? Les biens de première origine estimés sur le prix du bail furent bien vendus. Les acquéreurs furent de gros négociants, de gros propriétaires ou des hommes d'affaires agissant pour le compte de tierces personnes (2). Les possessions des grandes abbayes comme Nonnenque furent démembrées, mais par la force des choses, les gros domaines qui les composaient furent vendus en bloc ; seules quelques terres éloignées dites « terres à bénéfices » furent acquises par les voisins. Les décrets du 3 juin 1793 et 25 juillet 1793, ceux du 4 nivôse an II sur les biens de 2e origine (3) étaient, au contraire, inspirés du même esprit que la loi sur les communaux ; faire le plus grand nombre possible de petits propriétaires ; les biens nationaux furent en principe divisés et vendus par lots et le décret du 13 septembre accorda aux familles non propriétaires et non imposées des communes dépourvues de communaux, la faculté de payer en 20 ans sans intérêt ;

----

(1) *Revue historique de Droit Français et Etranger*, 1927, 731.
Substantiel article de M. Pierre-Paul Viard sur « La transformation de la dîme ecclésiastique en dette civile pendant la Révolution ». Après avoir passé en revue la législation révolutionnaire à ce sujet, l'auteur ajoute : « On peut conclure que bien des fermiers ont payé la dîme non en nature et au bénéficier, mais en argent et au propriétaire ; c'était pour eux un simple changement de mode de payement et non une suppression. » Aussi le propriétaire eut « tout profit de cette sécularisation ecclésiastique. » La dîme, en effet, était « laïque par sa nature juridique » ; ainsi s'achevait « l'évolution commencée dès le Moyen-Age, d'institution publique et fiscale, la dîme est devenue matière de Droit civil le 1er décembre 1790. »
Aussi le retour des Bourbon fut-il vu de mauvais œil par les fermiers qui avaient peur d'être grevés d'une nouvelle dîme à l'usage des ecclésiastiques et par les propriétaires qui croyaient en perdre le bénéfice.
(2) *Notes pour servir à l'Histoire du Rouergue*, Rigal et Verlaguet, I. Nonnenque.
(3) On alla jusqu'à estimer les droits successifs éventuels des émigrés.
Voir : Archives Départementales de l'Aveyron : Biens Nationaux, District de Saint-Affrique. Cornus. Famille d'Izarn.

mais là encore la bourgeoisie seule bénéficia de ces mesures (1) ;
dans le seul district de Saint-Affrique, du 28 ventôse an IV à
1810 (2), sur 171 acquéreurs, il y eut seulement 2 domestiques
et 15 travailleurs, encore leurs acquisitions furent-elles bien modestes, puisque sur 1.782.932 livres, ils n'achetèrent que pour
11.625 livres. Quant à la classe la plus pauvre, celle des journaliers; il n'en est pas question (3) (4).

Seule la banqueroute fut une mesure vraiment démocratique.
Les acquéreurs de biens nationaux en profitèrent largement ;
c'est ainsi que l'on vit payer un beau domaine par la vente d'un
cheval (5) ; par elle, la classe des locataires perpétuels (6) put
accéder à la propriété en faisant jouer les clauses de rachat.
Les propriétaires opposaient la prescription trentenaire : les rentes foncières, disaient-ils, sont par leur nature non rachetables.
Elles peuvent l'être par convention contraire, mais, dans ce
cas, la prescription doit jouer (7). Pour les fermiers, la faculté

----

(1) *Idem. Fonds Pons.* Ne pouvant acheter, les pauvres se rattrapèrent
par le pillage. La commission de contrôle arrivant à Sainte-Eulalie constate
que la commanderie a été pillée après le départ du régisseur, on a emporté
jusqu'aux serrures.

(2) S'il y eut tant de retard dans la vente des biens de 2 ⁰ origine, c'est
parce que les experts étaient occupés aux communaux quand la loi fut
votée.

(3) Maurice Anglade, Op. cit., p. 267.

(4) Maurice Anglade, Op. cit., p. 205 et suivantes.

(5) Maurice Anglade, Op. cit., p. 148 et suivantes.

(6) Ce fut un grand tort de supprimer la locatairie perpétuelle, car
c'était un mode d'accession à la propriété aujourd'hui inconnu. L'Etat
s'est empressé de rétablir la rente à son profit, mais alors que l'ancienne
rente était soumise à l'impôt, la nouvelle en est exempte. Aujourd'hui
comme autrefois le crédit rentier ne peut rentrer en possession que par la
vente du capital, de plus le système de l'emprunt or garantit contre tout
risque de fluctuation alors que l'ancienne rente variait avec les fonds et
les récoltes ; D'ailleurs la suppression des rentes aboutit directement à
l'augmentation du nombre des fermiers et du taux des fermages, car les
capitalistes ne pouvant acquérir le capital rente achetèrent le capital terre.
D'où plus grande distance entre les classes sociales.
Cf. Barrau, 1789 en Rouergue.

(7) Voir le *Dictionnaire du Droit Pratique de Ferrières*, II, 548. *Dictionnaire des domaines* III, 277. Dunot dans son traité des prescriptions
de 1786, p. 96, décide de même, car il dit que le pacte de rachat produit
une action personnelle susceptible de la prescription trentenaire pour
qu'elle les choses ne restent pas dans l'incertitude D'Olive, II, 22, dit de même.
Le traité du contrat de louage, 1778, p. 64 également, etc., etc... Papiers
Archives privées

de rachat est aussi imprescriptible que le bail (1).

Tous les auteurs de cette période, Monteil, Bosc, Chaptal, etc., sont unanimes à constater l'effet de la monnaie dépréciée sur le monde des producteurs. Monteil va jusqu'à dire que depuis 1789, il n'y a plus de paysans, il n'y a que des agriculteurs. Encore faut-il reconnaître que son action fut limitée autant dans son étendue que dans sa durée, tous ceux qui n'étaient pas des producteurs, c'est-à-dire les prolétaires, en souffrirent profondément (2). Au cours de son voyage, Monteil constate que la mendicité existe encore (3) ; d'autres (4) assurent que « le partage des communaux a donné le titre de propriétaires à une foule de pillards : « On a voulu l'égalité dans la fortune et l'on a obtenu l'égalité dans la misère », ajoute Girou de Buzareingues. Dès 1795, à la Cavalerie (5), les derniers nouveaux venus n'ont point de terre et la plupart des copartageants ont vendu leur lot, on partage alors ce qui reste, dans les mêmes conditions qu'à Tournemire.

On se plaint (6) aussi que « certains individus trop avides sous prétexte de faire manger leurs herbages, font dévorer les lots de leurs voisins par leurs troupeaux ». Les habitants constatent que le partage a entraîné une diminution de moitié dans le chiffre du bétail (7). A l'extrémité méridionale du plateau,

---

(1) Suivant les arrêts du 3 juillet 1722 et 28 février 1724 rapportés par Vedel sur M. de Castillan, I, 7. Traité des Obligations 1787 et de son commentateur. II, 22, Ic.

(2) A commencer par les malheureux experts des partages dont les comptes n'étaient pas encore réglés.
Archives Communales de La Cavalerie. Délibérations, 1795.

(3) Monteil. *Description du département de l'Aveyron*, II, in fine.
Au Sud de la Sorgue, on traverse des campagnes languissantes frappées de stérilité moins par la rigueur de la nature que par le défaut de travail ; les habitants se marient jeunes et tâchent d'avoir le plus vite possible un grand nombre d'enfants qu'ils envoient solliciter la pitié des fermiers à 3 ou 4 lieues à la ronde... et toute la famille se nourrit sans pudeur du pain de l'aumône.

(4) Archives Départementales de l'Aveyron : Feuille villageoise, 1806, p. 28.

(5) *La Cavalerie*. Délibérations 1795.

(6) *La Cavalerie* an III, 22 thermidor.

(7) Lettre à l'administration centrale : « dans votre lettre du 22 frimaire, vous avez pensé que l'égoïsme avait porté les habitants à vous

aux Rives, 4 spéculateurs offraient en transaction une somme d'argent, mais 52 pères de famille protestent «... à quoi nous servirait l'argent ? Ce qu'il nous faut, ce sont des terres où nous puissions exercer nos bras nerveux et tirer notre subsistance et celle de nos enfants à perpétuité ».

La crise agraire n'a donc fait que croître, tous les efforts de la Révolution se terminent volontairement par une plus grande distance entre les classes sociales, car on s'était préoccupé de faire de la politique — et quelle politique ! — mais non de déterminer la quantité de terre nécessaire pour nourrir un homme (1),

exposer que le partage des communaux avait diminué leurs facultés. La vérité est que le partage nous a fait perdre un million d'assignats en nous obligeant à vendre la moitié de nos troupeaux, c'est-à-dire 4.000 de nos bêtes à laine. » Cf. *Livre de Paroisse La Cavalerie.*

(1) Au point de vue politique, le Larzac est devenu le refuge de tous l s révoltés, grâce à la variété des accidents de terrain, à la proximité des grandes routes où passent les caisses publiques, à la facilité de changer de département pour se soustraire à l'unité d'action de la police, grâce aussi au mauvais esprit « de la population et à l'intelligence des chefs ». *Rapport de M. Sainthorent,* 21 floréal an IX.

Les correspondances révolutionnaires des districts de Millau, de Saint-Affrique contiennent une foule de détails très pittoresques à ce sujet, notamment la correspondance avec le chef des districts de Lodève. Cf. Archives Départementales de l'Aveyron.

II. — LE DÉVELOPPEMENT DES LUTTES AGRAIRES.

1. — Les pâturages.

Les premières années du XIXe siècle furent consacrées à la liquidation laborieuse des nombreux litiges nés de la loi de 1793. A Sauclières, par exemple, il y avait un communal indivis avec Saint-Michel-de-Rouviac. Les conseillers municipaux des deux communes réunis à Nant le 30 germinal an II, adoptèrent un autre mode de jouissance. Mais les habitants ayant continué comme par le passé, le 10 juillet 1817, reçurent procès-verbal et furent condamnés à Millau, parce que le 14 octobre 1816 — soit 22 ans après — le préfet avait approuvé la délibération du 30 germinal an II ; devant les réclamations des intéressés l'arrêté fut suspendu (1) (2).

______

(1) Archives Départementales de l'Aveyron : *Dossiers Sauclières.*
(2) La loi du 21 prairial an IV rapporta la loi du 10 juin 93, elle fut modifiée à plusieurs reprises. L'arrêt du Conseil d'Etat du 12 avril 1808 autorise le partage par feu. Nous n'en avons trouvé qu'un seul exemple à *Saint-Paul, mairie de Saint-Félix.* La délibération du 30 germinal au II était un monstre administratif, car jamais les conseils municipaux

La question des communaux est maintenant à l'ordre du jour de toutes les délibérations municipales, on se plaint surtout de la multiplicité des défriches... même aux endroits les plus rapides. « Les bois disparaissent, et sous prétexte d'en faire manger la feuille on en fait le trafic des troncs. » La spéculation est sensible surtout dans les terrains de Ségala : là il faut attendre 5 ans pour permettre au genêt de grandir, afin de fumer les terres pour une récolte ; « on sème ensuite du blé de mars qui ne produit rien et après des pommes de terre ». Pour remédier un peu au mal, on divise alors les communaux et par roulement, le cinquième tous les ans sera livré à la culture (1) (2).

Cette sensation très réelle de malaise commence à se manifester par une guerre acharnée entre les communes ou sections de communes à propos des bois : car les bois tentaient surtout les défricheurs : ils gardaient la feuille et les branches pour l'hiver, vendaient les troncs et les racines et sur le terrain vierge ainsi défoncé, récoltaient plusieurs fois de suite sans fumure de 9 à 40 pour un (3). Les bois de la Blaquière, indivis entre

---

n'ont à se réunir pour délibérer. D'ailleurs, en l'an II, ce ne sont pas les officiers municipaux, mais les habitants qui se réunissent pour régler les communaux.

La délibération du 30 germinal avait été annulée de plein droit par la loi du 2 prairial an IV qui prohibe tout échange de communaux sans une loi : elle a été annulée par le décret du 9 brumaire an XIII qui maintient le mode actuel de jouissance sauf exceptions.

De plus, le Préfet ne pouvait approuver cette délibération sans violer toutes les lois, c'était d'ailleurs une injustice, car le lot avait été vendu pour la caisse d'amortissement.

(1) Archives Communales, *Sauclières*, 1811, 25 mai.

(2) Les insoumis ajoutaient encore à ces troubles :
    de la classe 1821 sur 446 hommes, il y en eut 141 ;
    de la classe 1822, sur 446 hommes, il y en eut 125 ;
De 1821 à 1832, il y en eut 1/6.180 ; de 1833 à 1844 : 1/25.534.
Le service militaire obligatoire est un résultat au moins imprévu de la Révolution.

(3) Cf. *La Cavalerie : Livre de paroisse.*

la Blaquairerie, section de Sauclières et le Rouquet Mas Trinquier, section de Sainte-Eulalie, avait été de tout temps un objet de disputes : une transaction imposée de 1639 avait réglé le différend, mais à la suite des défrichements abusifs, en 1809, les intéressés avaient demandé le cantonnement. Un arrêté préfectoral du 10 juillet 1809 — illégal d'ailleurs, car il invoquait la loi de 1793 — le leur accorda dans la proportion de 65 à la Blaquairerie et consorts contre 23 au Rouquet, nombre égal aux chefs de famille (1). Ce mode de partage mécontenta tout le monde, car, disent ceux de Sainte-Eulalie : les habitants de la Blaquairerie ont sinon voulu faire cesser le droit de lignerage par défrichement total (2), « du moins ils ont fait tout comme... Depuis quelques années ils ont multiplié à outrance les défrichements dans le but d'agrandir les pâturages, s'approprier d'abondantes récoltes et faire le commerce des souches ».

« Vu la disette alarmante de bois, il faudrait estimer les droits du Rouquet, non d'après l'état actuel, mais d'après la transaction de 1639 qui prouve qu'à cette époque non seulement toute surface était boisée, mais qu'il existait des arbres de haute futaie, puisqu'il fut réservé aux communiers la faculté d'y couper les poutres pour réparer leurs maisons ». Mais les habitants de la Blaquairerie répondent que ceux du Mas Trinquier « journellement arrachaient les souches de buis et de chênes avec des bêches et des leviers pour en faire un trafic continu » (3).

Envoyées à la Préfecture, les doléances restèrent en sommeil dans un carton.

(1) Arrêt du Conseil d'Etat, 26 août 1808.

(2) L'administration s'informe parfois des suites données à l'arrêt du 26 messidor an X qui prohibe les défrichements. Les quelques communes qui répondent disent que l'argent a fait défaut pour faire les constats. La véritable raison, c'est que « des communaux nous tirons nos moyens d'existence sans lesquels les habitants seraient obligés de se transporter ailleurs ». L'administration ferme les yeux.

Cf. Archives Départementales de l'Hérault : *Dossiers Ceilhes, Pégayrolles, Soubès,* etc.,...

Les déclarations de défrichement en exécution de la loi de ventôse an XII sont une pure formalité.

(3) Archives Départementales de l'Aveyron : *Dossier Sauclières.*

Les protestations furent unanimes quand l'Empereur fit vendre par la loi du 20 mars 1813 certains biens de communes au profit de la caisse d'amortissement : les municipalités firent l'impossible pour sauver leurs biens : on représenta au Directeur des Domaines (1), que la jouissance étant indivise, les troupeaux de tous vont paître sur la Devèze, ceux qui n'en ont point « y font journellement des défriches, en extrayant la tuile qui est d'un produit assez considérable pour eux et des buissons qui servent à leur chauffage ».

D'ailleurs les biens vendus restaient grevés de tous les droits nés et actuels : droit de lignerage, droit aux défriches faites, soit au jour de l'adjudication, soit lors de la loi du 9 ventôse an XII consacrant la possession des détenteurs illégitimes.

La question du droit de lignerage fut rapidement réglée par la disparition des bois (2), mais les habitants n'acceptèrent jamais la clause restrictive des défriches : alors que la terre avait été vendue, pour eux : Le droit de dépaissance seul était aliéné, le droit aux défriches restant intact pour la commune (3) et l'on vit éclore une foule de procès nés uniquement sous la pression de la nécessité qui imposa toujours une transaction : La commune reconnaissait le droit de propriété de l'acquéreur et celui-ci, sous certaines réserves d'amour-propre, s'engageait à fermer les yeux sur les défriches (4).

En même temps, les propriétaires des grands domaines s'empressaient de faire reconnaître leurs droits de dépaissance et de protéger leurs terres contre les droits d'usage et les défricheurs par des instances en cantonnement. Envenimés par la colère et pressés par la faim, les prolétaires ou les communes s'engagèrent dans une foule de procès ruineux. Celui de Sorbs,

---

(1) Archives Communales : *La Cavalerie, Délibérations* 1814.
(2) Archives Départementales de l'Hérault : *Dossier Ceilhes et Rocosels.*
(3) SD : *Dossiers La Vaquerie et Ceilhes.*
Archives Départementales de l'Aveyron : *Dossier Sauclières.*
(4) L'Etat devait en principe payer aux communes l'intérêt des biens vendus. Les bois communaux proprement dits étaient exempts de la session.
Archives Départementales de l'Hérault : *Dossier La Vacquerie, Arboras.*

Latude, est un modèle du genre. Dès 1813, pour déterminer l'étendue des pâturages du domaine de Latude (1), on s'aperçut qu'il fallait connaître aussi les terres propres à Latude, celles de Latude indivises avec Sorbs dont elle est section, et celles de Vissec indivises avec Latude ; autant de cas, autant de procès, le tout agrémenté de demandes reconventionnelles. Et quand, vers 1865, les plaideurs épuisés, se reposeront un moment avant de plaider avec les forestiers, on verra la partie victorieuse, pour payer les frais du procès, vendre l'objet du litige (2).

D'après la législation en cours, confirmée par la loi du 10 juin 1792, les habitants n'ont pas de propriété indivise sur les communaux. On ne peut pas procéder au partage, car ils sont destinés à subvenir aux besoins de tout être et à la conservation perpétuelle du corps, quels que soient les individus qui le composent, d'ailleurs celui qui en jouit perd ses droits s'il transporte ailleurs son domicile.

Le droit des habitants sur les communaux est une sorte de servitude réelle établie en fonction des propriétés situées sur la commune et des personnes qui y habitent (3) (4).

Cependant, des abus s'introduisent ; le nombre des étrangers domiciliés augmente beaucoup. Les défriches se multiplient et les pacages diminuent d'autant.

L'abus le plus fréquent est dans l'introduction des brebis sur le territoire communal par des propriétaires voisins qui ne possèdent que quelques terres dans la commune, d'autres vendent leurs défriches à des voisins ou à des étrangers, quelques-uns sous-louent leurs herbages communaux pour des troupeaux transhumants, ce qui épuise les pâturages et bientôt met les mares à sec ; certains prennent les troupeaux de parents proprié-

---

(1) C'est du domaine de Latude qu'était originaire le prisonnier de la Bastille.

(2) Archives Communales : *Sorbs, Vissec.* Incoté.
Archives Départementales de l'Hérault : *Dossier Sorbs.*

(3) La loi de 1837 autorisant les communes à louer les communaux est plutôt la confirmation d'un état de fait qu'une innovation.

(4) Archives Communales : *La Cavalerie. Délibérations* 1835.

taires et profitent de la similitude de nom : le fait est courant d'oncle à neveu (1). Les abus sont semblables pour le gros bétail : à Saint-Michel, quelques individus possédant une maison d'habitation ramassent « pour une modique somme d'argent, tous les bœufs du Larzac » pour les garder dans la Devèze commune, sous prétexte « que les habitants de Saint-Michel n'ont que des mules et des chevaux » (2).

Enfin, les plus pauvres se bornent à attendre l'établissement des rôles de pâturage, puis quand les taxes sont perçues, ils achètent des brebis tant qu'ils peuvent et certains poussent l'audace jusqu'à garder à « bâton planté » dans les blés (3).

La présence de tant de bêtes oblige à les conduire dans des endroits qui devraient être réservés à telle catégorie de bétail, aussi le résultat le plus clair est-il d'affamer tout le troupeau.

D'ailleurs, les taxes sont impuissantes à arrêter l'envahissement.

Le 13 juillet 1837, l'adjoint de la Cavalerie se plaint amèrement au sous-préfet : « Nos ancêtres... étaient bien éloignés de penser qu'un jour viendrait où leurs héritiers favoriseraient tant qu'ils pourraient l'introduction des étrangers dans la commune et la rendrait le réceptacle de la misère des environs. — On donne à partager les herbages des anciens habitants avec les prolétaires qui y sont déjà établis ou vont s'y établir. Autant vaudrait proposer la loi agraire » (4).

Mais cette question agraire tourne maintenant à la guerre civile : dans les communes à sections multiples comme la Couvertoirade, les habitants envoient leurs troupeaux aux portes des villages voisins, afin de ménager leurs herbes pour les mauvais jours, mais comme chaque village agit ainsi, la discorde est générale : matin et soir, les bergers se croisent (5) : il s'ensuit

---

(1) Archives Communales : *Sauclières* 1807.
(2) Archives Communales : *Saint-Michel* 1884.
(3) On se plaint aussi des chèvres dont on demande la suppression. Cf. Archives Communales : *Le Clapier* 1846.
(4) Archives Communales : *La Cavalerie*. Incoté.
(5) Archives Communales : *Sauclières. Délibérations* 1807.

toujours des injures, souvent des coups, parfois des morts (1) ;
de plus en plus, les particuliers veulent la fin de l'indivision,
les sections de communes demandent le cantonnement ; des communes distantes de plus de 3 heures de marche comme le Viala
et Sainte-Eulalie exigent unanimement le partage « pour faire
cesser les abus » (2) (3).

Les anciennes règlementations sont renforcées ; elles visent
surtout à la protection des pâturages : bientôt le lieu du pâturage (4) est réglementé : il est interdit de faire paître le gros
bétail dans les terres réservées aux moutons et vice versa, tantôt
on détermine le temps de dépaissance (5) : les bons endroits sont
réservés au gros bétail du 25 mars au 30 novembre et au menu
bétail du 30 novembre au 25 mars. Tantôt ces deux modes sont
combinés. Mais bientôt il faut restreindre la quantité de bétail
et le proportionner aux impôts payés. A la Cavalerie, en 1835,
on prit pour base, l'impôt de défriche : de 10 à 5 francs d'impôt
on pouvait garder 10 bêtes à laine et 1 cheval ou bœuf ; de 250 à
300 francs, 600 bêtes à laine et 12 grosses bêtes ; mais deux ans
après, le Conseil porte le minimum à deux grosses bêtes au lieu
d'une et les pauvres trouvant que ce n'est pas encore assez protestent que toutes les faveurs sont pour les riches.

De l'aveu de tous les prolétaires, en effet : « Limiter et proportionner les bêtes à laine, c'est engraisser les riches de la substance
des pauvres » (6). Pourtant les riches étaient également gênés
par le règlement ; l'administration enquête sur leur demande :
elle reproche à la municipalité (7) d'avoir pris pour base une bête

(1) Archives Communales : *Saint-Michel* 1827.
(2) Archives Communales : *Le Viala Sainte-Eulalie*. Incoté.
(3) Les avis du conseil d'Etat du 20 janvier 1807 et 26 avril 1808 en
autorisant le partage des terres indivises entre plusieurs communes
n'ont pas étendu cette faculté aux propriétés possédées par plusieurs
sections.
(4) Archives Communales : *La Cavalerie*, 1823, 1833, 1837, 1838, etc...
(5) Archives Communales : *Le Cros*, 1858.
(6) Archives Départementales de l'Hérault. *Dossiers Brenas, Saint-André*.
(7) Archives Communales : *Saint-Michel. Délibérations*, 1840. « Le
minimum allait être porté à deux bêtes pour favoriser certains individus
ayant des montures ; avec elles ils se livrent à un petit trafic : tantôt ils
se louent pour dépiquer, ils charrient du vin, vont dans les Cévennes
changer des grains avec des châtaignes, parfois ils achètent chez eux des
pommes de terre qu'ils vont revendre ailleurs, etc... »

de labour seulement, ce qui rend impossible la culture des terres, mais les intéressés répondent que la disette de fourrage les empêche d'en nourrir davantage ; ils s'associent pour les labours ; au-dessous de 5 francs de contributions, on n'a droit qu'à 5 bêtes à laine : donc, assure l'expert, le règlement est fait contre les pauvres qui ne peuvent se payer un berger pour 5 brebis, mais les pauvres ont tous des enfants qui sont bergers dès leur bas-âge ; le règlement a pour but d'empêcher les gros d'affamer les petits troupeaux, car ils fournissent aux pauvres gens « qui sont les plus nombreux, un peu de laine, du laitage, de l'argent et des engrais... mais en quoi avons-nous enfreint le principe de l'égalité... chaque chef de famille n'a-t-il pas le droit de parcourir les communaux en long et en large ? »

Toutefois, le nombre des bêtes est encore trop grand : comme on ne peut revenir sur les abattements à la base indispensables aux prolétaires, on s'en prend ouvertement aux propriétaires des gros troupeaux. Dès 1853, le conseil de Saint-Michel vote d'enthousiasme l'arrêté du maximum : « Nul ne pourra faire paître plus de trois montures et 60 brebis » (1). Aux protestations du sous-préfet, on répond qu'en un mois, les gros troupeaux peuvent tout dévorer et se retirer ensuite sur leurs terres, tandis que les petits mourront de faim sur les communaux. Les municipalités poussent l'audace jusqu'à soutenir que le principe de représentation par ses fermiers, vrai généralement, ne peut s'appliquer (2), car « le domaine consiste surtout en pacages, le troupeau n'est plus destiné à fertiliser les terres, le berger n'est qu'un simple préposé » et l'on demande que les « propriétaires non domiciliés soient privés du droit de pacage » (3).

Telle est la situation.

-----

(1) Archives Départementales de l'Hérault, *Dossiers Saint-Michel.* — Sur appel, le préfet annule la délibération.
(2) Archives Départementales de l'Hérault. *Dossier Partage.*
Archives Communales Saint-Pierre. Incoté.
Pour les chèvres, on adopte de préférence une forte taxe, « car le troupeau qui vivrait tous les jours sur le même endroit finirait par dépérir ».
(3) Archives Départementales de l'Hérault. *Dossier Soubès.*

Entre temps toutes les controverses étaient alimentées par les divers projets relatifs au libre parcours. Nous avons vu que dans certaines communes comme le Viala, l'immense majorité des terres arables était constituée par des « Ségala », impropres à la culture du froment. Au dire de tous les détenteurs « quoiqu'on en use en commun pour le pacage, elles n'ont jamais été considérées comme communes. Elles se sont toujours transmises de père en fils, par droit de succession, mais elles ne sont pas sujettes à être abandonnées, car leur valeur en est considérable » (1). Mais le droit de parcours est contraire directement aux intérêts des possesseurs du sol ; il ne comporte ni les prairies artificielles, ni les récoltes sarclées, car il n'admet que les céréales qui rendent la terre à la communauté au temps des moissons. Vers 1810, à la Cavalerie, une ligue se créa contre les prairies artificielles sous le prétexte du droit de parcours, sous le même prétexte, vers 1840, une autre ligue voulait empêcher l'introduction des pommes de terre. De plus, avec les lois en vigueur et le régime des communaux « certaines populations des environs sont dans une fermentation terrible..., il est à craindre que des luttes sanglantes ou quelque chose de pire en soit la conséquence » (2).

La suppression du droit de parcours augmenterait du 1/4, la valeur des fonds et par suite le taux des mutations ; enfin, comme toutes les terres sont estimées sur le même pied, la suppression de ce droit rétablirait l'égalité.

Les terres de Ségala se couvriraient aussitôt de semis, vu l'immense besoin de bois ; la surveillance du garde terre serait réduite du quart et le rendement augmenterait d'autant. Enfin l'expérience des propriétés voisines prouve que les arbres fruitiers poussent dans ces terrains, « mais comment espérer ramasser

---

(1) Archives Communales : *Le Viala*, 1849, 8 novembre.
Sont soumises au libre parcours toutes les terres ne portant pas le nom de pièces et bien-fonds.
Délibérations *La Cavalerie*, 1841.
Archives Communales : *La Cavalerie. Délibération*, 1806.
(2) Archives Communales, *Délibération* 1852, *La Bastide*.

pommes, châtaignes, noix d'un arbre dont le fonds n'appartient pas exclusivement au propriétaire lorsque les troupeaux peuvent passer et repasser sous l'arbre au moment de la récolte? »

Mais c'est en vain que le maire demande la suppression de « ces restes de barbarie du Moyen Age ». Le paysan reste attaché aux anciens usages.

Dans les pâturages, au contraire, après une période d'hésitation (1), on avait fini par tolérer l'existence de prairies artificielles au dépens du droit de parcours. Dès 1832, à Sainte-Eulalie, le sous-préfet approuve un vœu dans ce sens ; à plusieurs reprises, il en constate les bienfaits. A la Bastide, sur les 1.200 hectares, on estime qu'une centaine mis en réserve ne gèneront en rien la dépaissance (2). Au Viala (3), le droit de parcours défendu pendant deux ans sur les prairies artificielles est retardé à 4 ans ; et un peu partout jusqu'à la dernière fauchaison.

Mais des réserves sérieuses sont imposées à raison même des abus qu'entraîne cette tolérance : certains jettent quelques graines pour le double avantage d'avoir le sol en défens aussitôt et de pouvoir faire paître en tous temps. La municipalité interdit alors de faire paître la première année (4).

Là, on sème en pure forme dans le seul but d'avoir un coin de terre réservé ; ailleurs on s'amuse à laisser après la récolte quelques bottes de foin ou de paille sur le terrain, afin de tout faire manger avant les voisins.

Parfois les municipalités trouvent un moyen terme : à Saint-Michel (5), le droit de parcours est suspendu en tous temps pour le menu bétail, le gros bétail pouvant paître sur les prairies artificielles, mais seulement du 1er septembre au 31 octobre (5). A la Couvertoirade, on ne tolère que « les seigle, orge, avoine, pommes de terre et légumes ; dès que l'on reconnaîtra que les semences

---

(1) Archives Communales : *Le Viala*, 1849. — Les propriétaires s'étaient déjà entendus quant à la suppression du droit de parcours.
(2) Archives Communales. *Délibération Saint-Eulalie*, 1850.
(3) Archives Communales. *Délibération Saint-Michel*, 1862.
(4) Archives Communales. *Délibération 1847. La Couvertoirade*.

ont été faites pour le pâturage, ces champs seront livrés au libre parcours » (1).

2. — Les bois.

La loi de 1837. — Sa nécessité.

La loi sur le régime forestier était indispensable : les protestations unanimes qu'elle souleva le prouvent suffisamment ; dans toutes les communes, ce ne sont que des pétitions continuelles : s'il est interdit de défricher dans les bois, les 3/4 des habitants seront forcés de s'en aller, écrit le maire de Saint-Michel ; ce bois nourrissait 80 à 100 bêtes de labour : le nouveau régime n'en permet que 15 à 20, d'où crise évidente. Tout le bétail à laine fait vivre des enfants et des vieillards en guise de bergers ; dans les endroits cultivés depuis longtemps, il n'y a plus assez de terre pour que ces arbres puissent pousser ; la commune privée de pâturage ne pourra payer les impôts ; le mode de coupe choisi est défectueux. D'ailleurs, avant d'être soumis à la loi, les communaux sont la propriété des habitants (2).

' En dehors des défrichements, les bois étaient utilisés pour la dépaissance et pour le chauffage. Dans aucune commune, l'administration ne put supprimer entièrement la dépaissance ; le plus souvent, au contraire, elle fut obligée d'accorder des autorisations exceptionnelles ; les communes se plaignent contre les particuliers qui, ayant sur les bois des droits de paissance, y conduisent plus de bestiaux que le domaine ne peut en tenir (3). Les plaintes affluent aussi contre une administration tracas-

---

(1) Archives Communales : *La Couvertoirade* 1835, *Le Viala* 1847, *Saint-Michel* 1880, etc...
(2) Archives Communales : *Sainte-Eulalie. Délibération* 1849.
(3) Archives Communales : *Cornus*, 1845-1842.

sière et formaliste (1) ; il faut faire dépaître le bétail le jour ; or, c'est seulement la nuit qu'il peut aller au pâturage ; il faut marquer chaque bête et en déposer l'empreinte au greffe du tribunal ; avoir une clochette à chaque bête et courir le risque de l'amende si elle se détache dans le bois, etc...

Mais, par suite, de l'abus des défrichements, le bois de chauffage devient rare. Les municipalités regrettent le temps où pour avoir droit aux communaux, il fallait être domicilié ; les uns font le commerce du bois ; d'autres se permettent de faire des fours à chaux qui font des vides énormes autour d'eux ; partout, les spéculateurs choisissent les meilleurs morceaux (2).

« Le peu de bois qui existe disparaît d'une manière effrayante... les 4/5 des habitants ne sauront sous peu où se tourner pour aller prendre des broussailles qui peuvent avoir au plus un demi-mètre de hauteur sur une grosseur proportionnée » (3).

Sur les bois indivis, une lutte acharnée et stérile s'engage entre le droit de lignerage et le droit de dépaissance : les détenteurs du premier exigent le cantonnement ou le rachat ; les possesseurs du second demandent le statu quo (4). Sur les bois communaux, la situation est peut-être pire, car le bois étant la seule industrie des prolétaires, les municipalités demandent sans cesse des coupes d'urgence, « pour calmer les habitants qui se trouvent dans le besoin... et principalement les indigents qui ne cessent de crier « ou la coupe ou du pain » (5).

Il fallut bientôt prendre des mesures sévères. Ici, c'est le lieu et le mode de coupe qui est réglementé. A la Cavalerie, défense de couper les arbres à tel endroit, mais il est permis d'arracher les buis ; à la Vacquerie, on exige que les buis soient coupés

---

(1) Archives Communales : *Sauclières*. Incoté.
(2) Archives Communales : *Sainte-Eulalie*. Incoté.
(3) Archives Communales : *Lunas 1815, Le Cros 1818, Sainte-Eulalie 1848*, etc...
(4) Archives Communales : *Cornus 1840*.
(5) Cornus 1817. Bois de Léonard : « Une partie fut mise en réserve ; néanmoins plusieurs individus se permettent d'y défricher, d'autres y font des coupes pour brûler des fours à chaux, d'autres des défriches », etc...

avec la faucille ou un instrument tranchant quelconque sur la souche et nullement arrachés.

A Saint-Etienne, il est permis de couper les buis même pendant l'été, mais défense de les arracher. A Tournemire, on pourra couper les arbres l'hiver seulement et il est interdit de les arracher (1).

Là on règle plutôt le temps de coupe : du 1er avril au 30 septembre, chaque feu pourra couper du bois — hormis les chênes — le mardi de chaque semaine (2) ; du 1er octobre au 31 mars, le mardi et le vendredi.

A Partlages (2), ce sera seulement le samedi de chaque semaine à 2 personnes par feu ; à Sorbs (3), vu la grande sécheresse, le conseil décide de permettre de faire des fagots pendant deux jours à une personne par feu.

Ailleurs, on surveille non seulement le temps et le lieu de coupe, mais la quantité de bois qu'il est possible d'emporter ; à Saint-Pierre, le conseil fixe au mercredi, le jour des provisions : il sera accordé 4 charges d'ânes ou deux de cheval et mulets par maison. A Saint-Etienne, on permet par semaine « deux charges de bête de somme ou 3 faix à dos d'hommes » sans rien arracher. Il est expliqué que ceux qui prendront des arbustes ne peuvent prendre le buis et inversement (4).

Les hommes de la Révolution, en supprimant la banalité avaient voulu l'érection de nombreux fours particuliers. A Sainte-Eulalie, dès 1842, on songe à un four à vapeur qui permettrait d'économiser le bois. Quelques années plus tard, à Saint-Michel, le fournier communal seul a le droit de prendre du bois dans les communaux.

---

(1) Archives Communales. *Délibérations La Cavalerie* 1806, *Vacquerie* 1861, *Saint-Etienne* 1846, *Tournemire* 1859.

(2) Archives Communales : *Saint-Michel* 1851, *Partlages* 1850, *Sorbs* 1858.

(3) Archives Communales : *Saint-Michel* 1851, *Partlages* 1850, *Sorbs* 1858.

(4) Archives Communales. *Délibérations Saint-Etienne* 1853, *Partlages* 1845, *Romiguières* 1853.

En d'autres termes, l'excès même de liberté (1) pousse maintenant les pouvoirs publics à reconstituer la banalité, à défaut des bois qui, eux, ont fait les frais de l'expérience (2).

3. — Les défrichements.

Toutes les communes se plaignent de l'invasion des étrangers : Ils louent les ouvriers, ouvrent des défriches immenses ; ils vont jusqu'à défricher les drailles et les passades ; les penchants laissent voir les rochers ; les buis arrachés sont vendus aux étrangers (3). Ou bien les indigènes prêtent la main et les récoltes sont perçues par les étrangers qui font le travail ; d'autres feignent de venir s'établir dans la commune et après un certain temps de résidence font des défriches ; la récolte perçue, ils retournent chez eux et ne reviennent que pour de nouvelles semences (4).

Le maraudage est en honneur : ici on arrache les blés en herbe, là on vole les gerbes ; ailleurs, les mûles et les cochons sont lâchés dans les semis (5). Les autorisations de poursuivre n'arrivent qu'après la prescription des délits ruraux (6) ; les terres défrichées sont épuisées par des récoltes répétées et jamais amendées ; aussi les nouveaux ménages ne trouvent plus à s'établir, car les premiers arrivés ont vendu la jouissance de leur lot aux gros propriétaires (7).

---

(1) Il est curieux de constater qu'elle entraîne les mêmes abus : ici ce sont des plaintes continuelles contre le fournier, là le four reste un mois sans cuire et dès qu'une ménagère sans pain décide à chauffer le four, tout le monde se précipite pour profiter de la chaleur, etc... Arch. commun. *Saint-Michel* 1875.

(2) A Saint-Beaulize, 4 hectares sont affectés à l'usage exclusif du four banal et du fournier. A Tournemire, les paysans se réunissent à 12 et 13 pour créer un four, etc.

(3) Archives Communales. *Délibération Sauclières*, 1807.

(4) Archives Communales : *Délibération La Cavalerie*, 1839.

(5) Archives Communales : *Délibération Saint-Maurice*, 1813, 12 mai.

(6) Archives Communales : *Délibération Sauclières* 1807, 14 mai.

(7) Archives Communales : *Délibération Cornus*, 1840.

Dans le courant de mars 1833, 62 pauvres habitants de Saint-Michel (1) décidèrent de partager un mauvais bois pour le défricher, sous réserve qu'après deux ans de jouissance, ils le rendraient à la commune, la 3e année, semé en prairies artificielles conformément aux usages. Quand 4 mois de travail eurent mis le terrain en état, le sous-préfet leur écrivit : « quelle surprise ! qu'une loi interdisait les défrichements ». Les défricheurs demandent alors l'autorisation de continuer : « par l'effet du défrichement, la superficie des terrains chargés de plantes a été enlevée, les branches coupées ; il en a été formé de petits fours et cette terre est réduite en cendres. Toutes les racines ont péri, toutes les semences de plantes formant la dépaissance sont brûlées ». « Il faut au moins 25 ans pour qu'un nouveau sol produise une dépaissance un peu passable » et d'ici là les ronces auront pris le dessus (2).

Ils évoquent, en outre, le temps perdu, les avances faites « sur 62, 50 au moins ont été obligés d'emprunter » et surtout la nécessité absolue de semer ses terres, afin de pouvoir manger. Aussi, s'ils ont défriché, n'est-ce point pour aller contre les lois, « le plus habile d'entre nous sait à peine tracer son seing... à coup sûr, aucun ne se serait hasardé à défricher s'il avait pu entrer dans sa tête qu'il était défendu de mettre en friche un terrain couvert de ronces et de buissons, impénétrable au gros comme au menu bétail. Et leur demande, quoiqu'en opposition avec la loi devient juste et ne peut être rejetée ».

Ainsi, par la force des choses, la loi contre les défrichements était tombée en parfaite désuétude.

En même temps, partout on demande le partage des communaux, car les pâtures sont anéanties par les défriches ; par suite, dans chaque troupeau, le nombre des bêtes diminue et les récoltes comme les engrais baissent d'autant (3) et secrètement on espère

---

(1) Archives Communales : *Délibération Saint-Michel*, 1833.

(2) Archives Départementales de l'Hérault, Série *Biens communaux Saint-Michel*. — L'ordonnance du 23 juin 1819 avait déjà essayé de remédier un peu au mal.

(3) Archives Communales : *Délibération Cornus*, 1842.

que le partage endiguerait le flot toujours montant de la population (1).

Les municipalités ne sont pas très fixées sur la durée et le mode
du partage. A Sauclières, on désire que le partage ait lieu par feu
au profit de tout individu domicilié depuis 1 an, même non propriétaire (2). Au Clapier, on le demande sans cesse pour 18 ans,
afin de sauver les bois : on espère que l'intérêt particulier réus-
sira là où l'intérêt général est impuissant (3). A Tournemire ce
serait pour faire comme à Saint-Jean-Saint-Paul qui « avant le
partage de 1793 manquait non seulement de bois, mais de pain,
tandis qu'aujourd'hui, cette commune est riche et possède
des bois énormes ». Sauf la carrière de tuf et les mines de sable
sur le Causse, les communaux seraient aliénés pour 99 ans. A
Cornus, enfin, on désire qu'ils soient partagés pour 18 ans, mais
s'il était possible, ce serait préférable d'en vendre 1 tiers pour
payer les frais et de partager le reste par feu et pour toujours.

Dans les communes d'ancienne colonisation (4), la crise
agraire prend de l'acuité, car il y a maintenant saturation (5).
Dès 1837, à Sainte-Eulalie (6), après de multiples controverses,
156 signatures sont apposées au bas d'une feuille de papier timbré et les délégués des prolétaires vont trouver un avocat de
Millau, pour rédiger une pétition en vue du partage. En 1839,
le Conseil émet le vœu du partage pour 18 ans, si l'on ne peut partager pour toujours. En 1842, nouvelle pétition. « Par là, M. le
Préfet, vous vous montrerez le père d'une foule de malheureux
réduits à la misère manquant du nécessaire, obligés en grand
nombre de s'expatrier. Tandis qu'ils n'auraient besoin que de bien
cultiver la portion de terre à eux échue ». Quoique riche, le

---

(1) Archives Départementales de l'Aveyron. — Pas de statistiques
précises ; il est d'ailleurs difficile de comparer le chiffre des paroisses
avec celui des communes. Néanmoins, l'augmentation est constante.
(2) Archives Communales : *Délibération Sauclières*, 1840.
(3) Archives Communales : *Délibération Le Clapier*, 1848, 53, 55, 57.
(4) Archives Communales : *Délibération Tournemire*, 1843.
(5) Archives Communales : *Délibération Cornus*, 1842.
(6) Voir tableau statistiques, 1779.
(7) Voir tableau statistiques, 1840-50.
(8) Archives Départementales de l'Aveyron : *Dossier Sainte-Eulalie*.

maire est du même avis : 1 tiers des communaux est alternativement cultivé ou susceptible de l'être, mais depuis 45 ans, les défrichements ont été poussés à tel point qu'il ne reste plus que ce qui est rochers ou d'une grande stérilité (1). A toute époque, n'importe qui, peut cultiver n'importe quoi, n'importe où... Par la dépaissance, le système actuel est en faveur du gros propriétaire ; de plus, pour se procurer quelques ressources, la commune loue certaines terres, ce qui interdit au pauvre de venir y bêcher (2). « Au point de vue administratif, le partage aurait l'avantage de supprimer « tout un ramassis de gens qui viennent inonder le pays sur l'appât des défrichements en achetant quelque vieille masure ou en épousant la première venue, ce qui, quelque fois procure des mendiants qui sont à charge à l'honnête travailleur » (3).

A la Couvertoirade, le partage avait provoqué de vives colères lors de la loi de 1793, par la suite, les diverses demandes n'ayant pu aboutir, il fallut prendre des mesures énergiques. Le 10 août 1841, le maire observe que les terres de la Couvertoirade sont devenues un objet de convoitise pour tous les domestiques qui servaient dans un rayon de 7 à 8 lieues ; ils n'avaient pas plutôt ramassé un petit pécule qu'ils s'empressaient de se marier et de venir s'installer à la Couvertoirade *comme sur la Terre Promise*, se croyant assez riches avec une femme et une défriche.

Le Conseil, constatant qu'en 4 ans, la population est passée de 969 à 1028, que l'afflux de population est l'origine de nombreux délits impossibles à réprimer, décide d'interdire les défrichements futurs, chacun devant vivre sur ses défriches antérieures.

Mais, comme au bout de 2 à 3 récoltes, les défriches sont

---

(1) « De plus, en notre qualité de Français citoyens, nous sommes sujets aux charges de l'Etat comme le riche ; or, c'est lui seul qui a le plus grand intérêt dans les communaux », etc.

(2) « Il est évident que le partage donnerait plus de ressources, car le même terrain produirait beaucoup plus... En somme, quoique contre mes intérêts, le partage est le seul mode convenable. »

(3) Archives Communales : *Délibération Sainte-Eulalie*, 1851. Nouvelles demandes. Le mode actuel n'est favorable qu'à 7 ou 8 propriétaires contre la masse des habitants.

épuisées, cet arrêt équivalait au *bannissement* pour les prolétaires.

Pendant la semaine qui suivit, la population fut en effervescence et dans la nuit du dimanche 17 août, armés de bâtons, parcourant les rues, insultant les uns, provoquant les autres, criant « qu'il y avait 4 ou 5 brigands qui voulaient la ruine des pauvres », intimidant tout le monde, ils parvinrent à recruter un bon nombre d'habitants et vers 2 heures du matin, s'acheminèrent vers Millau. Entre temps, le maire envoie des explications au sous-préfet : « La Couvertoirade est la sentine de la population des environs : la jeunesse, l'inexpérience et plus souvent l'inconduite amènent dans son sein des jeunes gens sans expérience ou tarés qui, accoutumés à servir, s'imaginent avoir acquis le comble de la prospérité que de pouvoir s'en affranchir : une défriche, un appartement de 2 à 3 mètres carrés et une femme, voilà le faîte du bonheur auquel aspirent ces insensés ; ils ne peuvent se persuader que la survenance d'enfants les réduira à la misère (1) (2) (3) ».

Dans son rapport au préfet, le sous-préfet résume la situation: « 50 habitants sont venus me trouver pour protester ; le terrain de la Couvertoirade est maigre et peu fertile ; lorsqu'un communiste a cultivé le sol, il est obligé d'abandonner après plusieurs récoltes et va défricher ailleurs. D'autre part, les habitants n'ont plus aucune ressource ; il faut bien le dire, c'est ici la cause des propriétaires contre ceux qui ne possèdent rien ; les premiers sont intéressés à avoir des pacages ; les autres tirent parti du sol d'une autre manière. En somme, il s'agit seulement d'augmenter le nombre des pâturages ; une solution urgente ne presse pas. »

Faute de pouvoir résoudre la crise, l'administration se borna, pendant la décade suivante, à amuser les prolétaires (4).

---

(1) Archives Départementales de l'Aveyron : *Dossier La Couevrtoirade.*

(2) Archives Communales : *Délibération La Couvertoirade,* 1841.

(3) Archives Communales : *Délibération Saint-Maurice,* 1853. Vœu de partage, respect des défriches anciennes, interdiction des défriches nouvelles.

(4) A la Couvertoirade, on voit encore dans les locaux les plus petits, les caves, les écuries, les dessous d'escalier, des traces d'habitation.

Elle organisa d'abord la chasse aux usurpateurs ; la loi de l'an XII avait un peu régularisé les usurpations nées de la période révolutionnaire, mais depuis, tous s'étaient efforcés d'occuper définitivement une portion du communal. Ici, lors de la confection du cadastre, 34 individus font porter sur leur nom une portion de bois ; là, certains déclarent comme défriche une terre où personne n'a touché ; ailleurs, les terrains ont passé de main en main à titre gratuit ou onéreux et ont même été morcelés entre 3 ou 4.

« Plusieurs ont déjà fait des difficultés pour payer les redevances, parlant même de prescription ; enfin, il y a tant de confusion, qu'il sera bientôt impossible au receveur, de faire son office » (1).

D'ailleurs, les mesures échouent, car les intéressés cités en Conseil de Préfecture ne manquent jamais d'invoquer la question de propriété, ce qui saisit le Tribunal Civil ; de là résulte presque toujours l'impunité des délinquants, soit à raison des relations de parenté, soit à raison de la faible valeur des lots. Le ministre consulté ne donne pas de réponse fixe, preuve évidente de son embarras.

Les municipalités trouvent un moyen terme : elles vendent aux usurpateurs en cinq annuités (2) ou sous forme de rente perpétuelle rachetable après 25 ans (3). Une action est parfois intentée contre les récalcitrants, parfois on refuse de faire constater les usurpations : « attendu que M. le maire est lui-même usurpateur » (4). Ainsi ce pays surpeuplé, sans ressource

---

(1) Archives Départementales de l'Hérault : *Dossier Ceilhes et Rocozels Les Rives*, Rôle dressé en exécution de l'ordonnance du 23 juin 1819 et des arrêtés préfectoraux de 1833, Lauroux 1845, Truscas, Brenas, etc...
Il semble que l'administration ait poussé à l'afferme des communaux pour procurer indirectement des ressources aux communes et favoriser les propriétaires.
Cf. Archives Départementales de l'Hérault : *Dossier Brenas, Le Cros, Saint-Privat, etc.*
(2) Archives Communales : *La Vacquerie*, 1857.
(3) Archives Départementales de l'Hérault : *Dossier Ceilhes.*
(4) Archives Communales : *Délibération La Vacquerie*, 1844.

industrielle, est un exemple vivant de la loi de Malthus, car les ressources n'ont pas cru dans les mêmes proportions que les bouches à nourrir (1).

4. — Vue d'ensemble.

Les statistiques des actes de l'Etat Civil 1840-1850 montrent toute l'étendue de la crise (2). Les pays situés au bord de la route d'Auvergne et colonisés depuis longtemps déjà arrivent maintenant à saturation (3). C'est le cas de la Couvertoirade. Les mariages sont nombreux, mais il y a trop d'actes de l'état-civil pour un mariage.

Par contre, les pays loin de la route d'Auvergne et à grands communaux sont maintenant en pleine colonisation : en 4 ans, Saint-Jean-Saint-Paul augmente de 69 habitants.

Dans les premiers, le minimum de la vie moyenne de l'homme

---

(1) On fit aussi jouer l'article 70 de la loi du 18 juillet 1837 : « Lorsque plusieurs communes possèdent des biens indivis, une ordonnance du roi instituera une commission syndicale ». Déjà la plupart des communes avaient été démembrées ou étaient sur le point de l'être : Le Viala de Sainte-Eulalie, La Couvertoirade de Sauclières, etc. Il s'agissait aussi de départager les communaux. Par une pétition du 26 décembre 1841, La Bastide, section de Cornus, demande séparation d'avec le Clapier, section de Montpaon et en même temps le partage. Le Conseil de Cornus, en février 1842, vote le cantonnement, mais refuse le partage temporaire comme trop précaire, mais alors le conseil veut que le sectionnement soit fait non d'après le nombre de feux, ainsi que l'indique le Conseil d'Etat, mais d'après les droits de dépaissance. Finalement, en 1843, on accorde à la Bastide (102 feux), un lot de 463 hectares avec un revenu de 402 francs et au Clapier (102 feux), 398 hectares avec un revenu de 402 francs.
Cf. Archives Communales : *Cornus, Montpaon*, 1841-42-43.
Cf. Archives Communales : *Saint-Maurice*, 1852.
(2) Cf. Statistiques, in fine.
(3) On entend ici par colonisation l'afflux des prolétaires attirés par le roulage (La Cavalerie) et l'industrie (Roquefort) et vivant l'hiver du produit des communaux.

est passé de 19 ans à 26, mais le maximum est tombé chez les seconds de 53 à 43 (1).

Depuis 50 ans, l'accroissement de la population est continu et général.

Les statistiques ne peuvent cependant nous donner deux faits très importants : quand on parcourt les actes de l'état-civil, on est surpris de constater que les hommes ne deviennent pas vieux : sans doute on trouve bien des vieillards de 70 à 80 ans, mais on reste étonné de voir mourir des hommes dans la force de l'âge à 25, 30, 40, 50 ans ; à défaut de statistiques précises, il suffit de jeter un coup d'œil sur les registres. Chose curieuse : ce sont les hommes seulement qui meurent ainsi ; les femmes vieillissent beaucoup plus ; dans toutes les statistiques locales du XIXe siècle, le nombre des veuves est pour le moins au double de celui des veufs (2). Pour nous, ce phénomène est le résultat de la colonisation ; dans un pays surpeuplé, l'homme s'épuise plus vite pour trouver une nourriture plus rare, car, plus le pays est pauvre, plus la différence est grande entre la mortalité des sexes. « Il n'y a que 2 ou 3 veufs, écrit l'instituteur de la Couvertoirade (3) et une trentaine de veuves. La cause réside dans l'égoïsme des femmes et dans le manque de volonté chez l'homme.

Ce dernier, muni du pic et de la pioche, travaille péniblement tout le jour ; il est très mal nourri et ne répare pas l'usure de son corps ; la femme demeure à la maison, fait la cancanière, fréquente les clubs des commérages, mange ce qu'il y a de bon en l'absence du mari, se soigne de son mieux, se conserve mieux...

La femme est paresseuse, oisive, souvent vicieuse. Le mari peine, travaille, souffre et meurt jeune. » Bien que peu flatteur pour les dames, ce rapport est profondément vrai quant au

---

(1) On compare ici les chiffres donnés par des statistiques séparées par 60 ans de date. Le lecteur trouvera à la fin du présent volume les éléments de calcul pour chaque période.

(2) Cf. Notamment Creuzé de Lessert, 1824, Statistique du Département de l'Hérault, canton du Caylar.

(3) Archives Départementales de l'Aveyron : *Enquête de* 1906, communiqué par M. Vigarié, à Rodez.

fond ; nous avons vu, en 1789, ce phénomène se produire pour la première fois à Madières ; il est général sur tout le Larzac vers 1850 ; aujourd'hui encore, dans certains hameaux, comme Cazejourdes, il ne meurt pas d'hommes âgés, mais seulement de vieilles veuves.

Le second fait, est aussi curieux que le premier : la mortalité infantile a diminué dans des proportions énormes : à Sainte-Eulalie où la vie moyenne était de 19 ans, elle dépasse maintenant 32 ; ce chiffre, certes, prouve qu'elle existe encore, mais la différence constatée dans le taux des décès d'enfants se retrouve aussi dans l'âge des décédés : alors que les enfants mouraient dès leur naissance, ils attendent maintenant de deux à 12 mois. Passé 2 ans, il n'y a plus de décès d'enfants.

Bien que la prudence la plus élémentaire soit ici de règle, l'examen des textes permet d'affirmer que dans les pays situés au bord de la route d'Auvergne et à grands communaux comme Sainte-Eulalie et la Couvertoirade, c'est-à-dire des pays de colonisation déjà ancienne, il y a une grande différence dans la mortalité infantile. Notons qu'à Sainte-Eulalie, il y a des terres dites de « Ségala » ; il n'y en a point à la Couvertoirade exclusivement calcaire. D'un point de vue plus élevé, on peut soutenir que dans les communes du même degré et de même époque de colonisation, la vie moyenne de l'homme est plus élevée dans la partie Nord du Larzac où il y a des Ségala que dans la partie Sud (Saint-Michel, etc.)(1), où il n'y a que des terres calcaires ». Or, si l'on se rend compte que les fourrages artificiels et la pomme de terre d'introduction récente ne viennent bien que dans les terres profondes et schisteuses, dites de Ségala, on comprendra que la diminution énorme de la mortalité infantile, malgré l'accroissement continu, régulier et anormal de la population, et ses variations d'une commune à l'autre, sont dues à une meil-

------

(1) A noter que la diminution des ressources et l'excès de monde obligent au double travail pour une récolte moindre. Lors du partage, les experts se plaignent d'être au travail à 2 heures du matin. Cf. Archives Communales : *La Bastide*, 1860.

leure alimentation, c'est-à-dire aux progrès de l'agriculture. Progrès sensibles partout, mais surtout dans les communes à « Ségala ».

Dans les divers recensements du début de la Révolution, il n'est pas fait mention de la pomme de terre ; d'autre part, plusieurs communes se plaignent d'avoir été obligées de manger du pain de gland et des racines qui jusque là n'avaient servi de nourriture qu'aux pourceaux (1).

Introduites sur le Larzac pour combattre la famine (2), on les considéra longtemps comme nourriture de dernier ordre. On ne commença à l'apprécier sérieusement que vers 1811. Le préfet constate que dans l'arrondissement de Saint-Affrique : « Il est des familles qui, depuis environ deux mois, vivent de pommes de terre ». Mais ce fut surtout lors des famines de 1816 qu'elle entra dans la consommation courante (3). Dès lors, sa vogue augmente sans cesse (4) ; elle n'est plus le moyen exceptionnel ; elle est la base de l'alimentation. On lui découvre des qualités

-----

(1) Artières : *Annales de Millau*, Période révolutionnaire.

(2) « J'ai introduit sur le Larzac, la culture en grand des pommes de terre, c'était en 1793, la famine désolait nos contrées et je fus requis d'accompagner deux charrettes pour aller prendre des pommes de terre à Cette où deux vaisseaux de l'État en apportaient une cargaison. Les deux charrettes étaient à titre de secours pour la ville de Millau. Il me fut délivré 25 k. de ce tubercule pour acompte de mes frais de transport. J'en reçus encore une petite quantité pour la part de notre Maison dans la distribution faite à la Cavalerie. Je réservai le tout pour la semence et au printemps la mis en terre. Le premier essai n'eut pas grand succès parce que la semence en fut mal faite. J'en réservai encore toute la récolte et d'un second essai, j'obtins 40 sacs. (Bulletin de la Société Départementale d'Agriculture, 1848, p. 71. *Mémoire Arnal de la Cavalerie*.

« C'était encore à mon début dans l'agriculture ; quelques rares amateurs à Saint-Affrique cultivaient une terre légère préparée avec les soins les plus méticuleux ; je me procurai avec peine une certaine quantité de ce tubercule... Aussi mon premier essai fut si large que tous mes voisins me tournaient en ridicule pour mes deux sétérées de terre que je préparai à recevoir cette semence. L'année d'après, tous les rieurs étaient de mon côté. Bulletin de la Société d'Agriculture p. 48. *Mémoire Inquimbert de Tiergues*, 512.

Cf. Lempereur : *Introduction de la pomme de terre en Rouergue*.

(3) *Journal de l'Aveyron*, 1816-17-18-19.

(4) *Propagateur Aveyronnais*, 1827 I Girou. — On recommande aussi de donner le pampre aux chevaux avec un mélange de paille et arrosé d'eau salée.

nouvelles : elle peut donner de l'eau de vie, de la potasse, le jaune de ses fleurs pour la teinture. Girou de Buzareingues la préconise pour remplacer le savon trop cher, ou les sels qui brûlent le linge. On la recommande même comme porte-greffe pour les tomates. Elle a pourtant ses détracteurs. On lui reproche d'épuiser le sol, de ne pas valoir le combustible, de donner aux cochons une graisse médiocre et sujette à rancir. Girou a observé « après la disette de 1817, que les lieux où la consommation en avait été plus abondante étaient devenus le théâtre de plusieurs maladies ». Néanmoins, dès 1821, on concède que c'est elle qui arrache le paysan à la misère (1).

Les prairies artificielles répandues dans la vallée par Despradel furent introduites sur le Causse de Tiergues par M. Inquimbert qui vulgarisa l'usage du plâtre. Tous les rapports sont unanimes à constater leur double influence quant au bétail qui les consomme et à la circulation de la monnaie qui en résulte. On assure même que pour peu que les « circonstances s'y prêtent, l'arrondissement de Saint-Affrique deviendra un des plus estimés de France ». Les statistiques de 1837 permettent de déterminer très approximativement l'importance des diverses cultures. En prenant pour base 3 communes différentes : La Cavalerie avec de bons fonds et de vastes pâturages ; L'Hospitalet où les pâturages font défaut, et la Couvertoirade où il y a surtout des pâturages, on trouve que la proportion des céréales est de 80 pour % (froment 33, orge 12, seigle 9,3, avoine 21, blé noir 1,5, méteil 3,3). Les pommes de terre 6,2 % et les prairies 13 %, grâce aux deux dernières cultures, la jachère n'est plus du 1/3, elle est du 1/4. De ces chiffres (2), on peut déduire que toute la

---

(1) Archives Départementales de l'Aveyron. Voir toute la série des journaux Aveyronnais de 1810 à 1830.

(2) *Propagateur Aveyronnais*, 1827, A. R.

C^f. Affre, op. cit., article *Prairies artificielles*.

Propagateur Aveyronnais, 1827, I. — A la suite des prairies artificielles, le nombre des bestiaux s'est accru, agmentant ainsi les fumures et les produits de laiterie. Grâce aux pommes de terre, une sétérée de terre nourrit 10 hommes au lieu d'un Le nombre des cochons a vingtuplé.

Archives Départementales de l'Aveyron : *Statistiques agricoles*, 1837.

culture est orientée vers les céréales qui, sauf à la Cavalerie, sont entièrement consommées sur le pays. Les prairies artificielles se répandent lentement, aussi l'élevage extensif est encore la règle, car le nombre des moutons est supérieur de 1/7 à celui des brebis. Mais là où les pâtures font défaut, comme à l'Hospitalet, il y a deux fois plus de brebis que de moutons. A la Cavalerie, les nouveaux venus n'ont d'autres terres que les communaux et faute de pouvoir faire des fourrages artificiels, ils font de l'élevage (4.800 moutons contre 2.000 brebis) (1).

Enfin l'impossibilité de semer des prairies dans des terres trop maigres oblige les moins bien lotis à faire tous les travaux avec des mulets (2). D'une manière générale, on note que les fourrages artificiels ont quintuplé la production laitière aux environs de Roquefort (3), alors que l'agneau et la laine sont ailleurs tout le revenu, là le lait est en supplément.

Plus que jamais, Roquefort fait la prospérité du pays ; aussi « ce rocher qui semblait n'avoir été fait que pour le nid d'oiseaux de proie est devenu la poule aux œufs d'or de la contrée » (4). Dans le reste du Rouergue, on se plaint de la mévente : on incrimine la rareté des capitaux, le haut prix et la rareté de la main d'œuvre, la division de la propriété, l'ignorance du paysan; faute de débouchés, l'excès de la production est devenu un fléau pire que la disette ; aussi voit on regretter le temps où les droits seigneuriaux empêchaient de cultiver les terres de second ordre,

---

(1) La Couvertoirade : céréales, 90 %, pommes de terre 4.5, Prairies 5,5 % des terres cultivées.
La Cavalerie : céréales 53 %, jachère 26 %, prairies 12, pommes de terre 5.9 légumes 2.2.
L'Hospitalet : céréales 58, jachère 20, prairies 13, pommes de terre 4, légumes 2.2
(2) Leur nombre est au triple de celui des bœufs
(3) Girou de Buzareingues : *Mémoire sur le fromage de Roquefort*
Les brebis rapportent environ 15 francs dont 8 à 9 de fromage, 4 de laine, 3 d'agneaux.
(4) *Journal de l'Aveyron*, 28 N., 1835. De Rodat.
Ce qui a fait la prospérité de Roquefort, c'est la facilité d'exporter un produit de choix sous un faible volume, grâce à la proximité des grandes routes,

tandis que l'on s'élève énergiquement contre l'emploi des machines nouvelles (1).

D'ailleurs, la ruine complète des industries locales aggravait la situation ; non seulement le paysan ne travaille plus pour les fabriques (2), mais il préfère de plus en plus acheter sa provision de toile. Tout ce que l'on trouve pour remédier à la crise : c'est de recommander la culture du genêt pour faire de la filasse (3).

Le poids des impôts aggravait la crise. Roquefort (4) en 1789, payait en tout 2.878 livres, déduction faite de toutes charges ; avec l'imposition des biens privilégiés et des communaux, elle aurait dû payer en l'an X, 4.933 livres. Or, c'est 9.751, et ainsi dans toutes les communes. Après la confection du cadastre, on estime (5) que l'Aveyron paye le 1/3 du revenu, tandis que d'autres ne payent que le 1/15. L'Aveyron est le département le plus imposé après la Seine. La cause de ces différences serait dans les erreurs sur le calcul des petites gabelles et, d'autre part, sur l'empressement des municipalités à surcharger les biens privilégiés en croyant se décharger d'autant. La concurrence entre fermiers augmente le malaise général : alors que dans le Nord, le sol est loué à 50 %, il l'est ici à 80 %, aussi les 3/5 des procès

---

(1) Archives Départementales de l'Aveyron : *Feuille Villageoise*, 1821, *Propagateurs Aveyronnais*, 1827.

(2) Conseil d'arrondissement du 28 juillet 1819, cité par P. Marre, *Le Lodévois*. — « On sait qu'il faut assimiler aux ouvriers de fabrique les nombreux et très nombreux indigènes qui habitent la partie montagneuse de l'arrondissement. Ils ont forcément cessé de l'être depuis que la filature mécanique a très avantageusement, mais très péniblement pour eux, été substituée aux filatures à la main. »

On ne peut considérer comme compensatoires, les mines qui s'ouvrirent de 1831 à 1845 dans 13 concessions. En 1870, elles n'occupent que 65 ouvriers.

La ganterie est trop locale et trop aléatoire pour être prise en considération.

(3) Renaud de Villack : *Le Languedoc Lodève*. — Divers vœux de Sainte-Eulalie en 1828 et 1832 dans le même sens.

(4) Archives Communales : *Roquefort*. Incoté. — On estime qu'en 1789, le poids de l'impôt était de 22 livres 1 sol par tête.

(5) Bibliothèque Municipale de Rodez : *Mémoire sur l'évaluation du revenu imposable*, 1819.

sont dus aux fermiers insolvables. « Les prisons sont peuplées de misérables plus que de criminels » (1) (2).

Les produits d'ailleurs n'ont pas d'écoulement (3) : les bois sont intransportables ; le merrain d'Italie a les préférences, les vins du Languedoc concurrencent ceux des vallées, les frais de transport sont très onéreux : pour transporter 10.000 francs de blé de Rodez à Nîmes, il y a 3.000 francs de frais, tandis qu'on n'en compte que 300 francs pour 10.000 francs de bétail. Et les frais sont bien plus réduits, si l'élevage intensif se manifeste par l'exportation du Roquefort.

Sur le Larzac, la circulation des produits est une source de revenus : sur la route d'Albi aux Cévennes, il passe chaque jour 117 colliers de roulage total et 25 colliers de roulage régulier; sur la route de Paris 390 colliers de roulage total et 244 de roulage régulier (4). Tout le monde, plus ou moins, vit du roulage : les entrepreneurs, les hôteliers dans chaque village, et les petits propriétaires qui s'en vont très loin avec leurs mulets au devant des attelages pour être les premiers à faire renfort. Outre les voitures, il passe des troupeaux de moutons, des cochons par 20 ou 30 se rendant le mercredi au marché de Clermont, des troupeaux de bœufs par 2 et 300 et des din-

______

(1) Les loups sont une charge du cultivateur : en 1800, on les évalue à 100 pour l'Aveyron, égorgeant environ 100 têtes chacun. Ils se multiplièrent beaucoup jusque vers 1830. De nombreuses personnes se souviennent encore d'en avoir vu, dans toutes les familles on raconte des histoires à ce sujet.

(2) Les quelques communes de la perception du Caylar payent à l'heure actuelle 455.885 francs d'impôts. Or, Lodève, avec ses usines, ses immeubles, son commerce, les 14 communes de son canton et la fertilité extraordinaire de son sol n'arrive pas à cette somme. De plus, alors qu'un hectare de vigne est vendu parfois 100.000 francs, on achète couramment pour 50 francs un hectare de Devèze. Le Caylar paye 451 francs d'impôt par électeur, Saint-Félix 719, Saint-Michel 483, le Cros 625, Cornus 321, Sorbs, 403, Sainte-Eulalie 131, Le Viala, 304, etc... Ces chiffres se passent de commentaires.

(3) Les paysans s'opposaient parfois à la création des routes : on cite encore telle famille dont le chef, sa vie durant, refusa de prendre la route toute neuve qui passait devant sa porte parce qu'elle avait endommagé quelques champs.

(4) Archives Communales : *Roquefort. Etudes pour le tracé du Chemin de fer.*

dons (1) par groupes de 1000, conduits par des Auvergnats. Entre temps, tout le village s'assemblait pour voir passer la malle-poste ou la « Galère » conduisant les forçats à Toulon, ou la « Bastardière » portant à Montpellier les enfants trouvés.

Toute cette circulation laisse de l'argent dans le pays, mais, par le fait même, elle attire encore les prolétaires. Aussi, sauf chez les gros propriétaires, l'aisance n'existe pas. Le pain se fait toujours avec 1/3 d'orge, la farine grossière conserve une partie de l'écorce des grains, et sa présence se manifeste par « des écorces piquantes comme des arêtes de poisson ». Dans les fermes modèles, occupant 6 personnes, on compte dans l'année pour 100 francs de vin. En fait de viande, on ne consomme que les bêtes « qu'il est impossible de garder et de vendre » (2).

L'outillage reste défectueux : encore, en 1860, dans certains villages, on considère comme un phénomène une charrue en fer. Le paysan, d'ailleurs, est trop pauvre pour se livrer à des expériences coûteuses. Avant 1870, un seul outil est rentré dans le domaine courant, c'est la faucille apportée de l'Albigeois par les moissonneurs.

En résumé, grâce à Roquefort, on commence à comprendre que ce n'est pas le nombre des animaux entretenus sur une ferme qui constitue le bénéfice, mais bien le produit final. Les pouvoirs publics sont unanimes à vanter au paysan les bienfaits du libre échange « qu'il fasse de la viande et du lait et le blé viendra bientôt remplir ses greniers » (3).

---

(1) Quand, vers 1880, on ouvrit le passage par l'Escalette, un troupeau de dindons fut le premier à y passer. Arrivés à l'endroit où la route se resserre entre les rochers, ces derniers s'arrêtèrent étonnés devant la gorge profonde qu'ils avaient devant les yeux. A 100 mètres derrière, le chien voyant tout le troupeau arrêté et croyant sans doute à une rebellion, s'élança sur les retardataires. Tout le troupeau ouvrit alors les ailes et se laissa glisser dans la forêt. On parle encore des chasses miraculeuses qui eurent lieu cette année-là.

(2) La collection des Journaux Aveyronnais de l'époque contient une foule de détails sur ces points, de même la bibliothèque de la Société d'Agriculture.

A voir aussi : Boscary : *Evolution agricole de l'Aveyron.*

(3) Concours pour l'amélioration de la race ovine de Lodève 1865. *Rapport Bazille.*

Au point de. vue social, si les prolétaires ont trouvé dans la pomme de terre un aliment inespéré, il est certain malheureusement que la distance entre les classes sociales commencée à la Révolution par la suppression des droits seigneuriaux, suppression dont la bourgeoisie rurale tira seule tout le profit, n'a fait que s'aggraver par le progrès de l'agriculture et la circulation de ses produits.

5. — Le partage des communaux.

Sous la pression des circonstances, on voit se produire comme à Saint-Michel, des concessions de terrain qui ont tout du partage sauf le nom (1), mais le simple fait d'une règlementation fait crier les prolétaires, ils veulent la propriété de la terre. « Il est certain que ce n'est point pour réclamer contre le règlement, mais bien pour demander le partage, puisque deux jours de suite, le crieur public annonça que ceux qui le désireraient se réunissent chez Coulet le Cabaretier » (2).

Mais, puisque l'administration est insensible à la misère des paysans, ils tâchent maintenant de toucher sa raison plus que son cœur (3) (4) : Le petit propriétaire sans troupeau ne tire aucun revenu des pâturages ; le riche lui en bénéficie et ceci explique son opposition.

Si l'on partageait, le rendement du sol serait accru ; l'expérience prouve que le rendement a augmenté dans les communes où l'on a partagé ; or, celui qui possède un terrain en toute propriété ou à long terme n'hésite pas à opérer des travaux coûteux et multiples.

---

(1) Archives Communales : *Délibération Saint-Michel*, 1848.
(2) Archives Communales : *Délibération Saint-Michel*, 1839.
(3) Archives Communales : *Le Viala*. Incoté.
(4) Il y avait bien eu un décret en 1852 sur la matière, mais nous n'en avons pas trouvé trace d'application.

L'agriculture y gagnerait, car on pourrait bientôt substituer un autre assolement à celui en vigueur. Le partage empêcherait d'effeuiller ou de faire pourrir les bois et le bois repousserait.

La péréquation de l'impôt serait établie, car la répartition se fait aujourd'hui d'une manière défectueuse ; elle s'appuierait au moins sur des bases solides.

Si la vente ou le fermage des communaux tendent à l'augmentation des ressources communales, l'intérêt individuel du partage dépasse en portée l'intérêt collectif de ressources plus grandes.

Depuis le rapport du sous-préfet demandant de faire traîner les choses en longueur, 17 ans ont passé ; depuis on a dû limiter les défriches de chacun, c'est-à-dire faire un partage provisoire ; a question du partage définitif fait l'objet de toutes les délibérations, mais les municipalités ne parviennent pas à s'entendre sur les vœux à émettre et « le conseil, après avoir eu connaissance de la loi, s'est pris en querelle comme d'habitude et après mille paroles blessantes, méconnaissant notre autorité, ils se sont retirés, refusant de signer le chapitre de 1859 et le budget de 1860 » (1).

Nous avons vu que la Révolution, pour attirer et maintenir des partisans au nouveau régime, avait voté entre autres mesures démocratiques le partage des communaux. Les mêmes causes produisant les mêmes effets, il est curieux de constater que la crise agraire trouvera une solution administrative dans les circonstances politiques qui accompagnent l'avènement de l'Empereur. Le 17 décembre 1858— à cette date, on a déjà abandonné la manière forte pour s'acheminer tout doucement vers l'Empire libéral — le préfet écrit à son collègue de Millau : « Rentré à Rodez depuis peu de jours, je me suis déjà occupé de l'importante question des communaux. Je vais y consacrer tous mes soins, je compte sur votre concours le plus actif. Comme je m'attends à de nombreuses difficultés, je ne veux pas les soulever toutes en même temps. Il convient de les aborder succes-

____

(1) Archives Communales : *Délibération Saint-Michel*, 1859.

sivement avec prudence mais énergie... J'ai décidé que nous atta-
querions l'affaire... par la commune de la Cavalerie qui possède
des communaux importants et soumis « à un régime plein
d'inconvénients que le Conseil a senti, puisque le 12 ou 14
décembre, il a pris une délibération pour le modifier. Cette
délibération sera soumise à l'examen de la commission ins-
tituée par arrêté du 21 juin dernier. J'espère que nous
serons secondés par le nouveau maire, le Conseil municipal sera
peut-être bien moins (complaisant), mais nous nous entendrons
pour vaincre, fallut-il recourir aux moyens les plus énergiques... » (1) (2).

Immédiatement dans toutes les communes une commission
locale fut constituée chargée de correspondre avec la commission centrale siégeant à Rodez.

Par un concours extraordinaire : les circonstances politiques,
économiques et sociales étant en faveur du partage, aucune
difficulté sérieuse ne se produisit et dans toutes les communes,
le nouveau mode de jouissance fut adopté d'enthousiasme (2).

Dès le 16 juillet 1859, le commission locale de la Cavalerie
préconise dans un deuxième rapport (3) :

1° Le rachat du droit de parcours et de vaine pâture avec
une indemnité égale au revenu cadastral comme taux de rachat.
La commission centrale trouve cela insuffisant, mais accepte
pour favoriser l'agriculture ;

2° L'aliénation des biens dits de deuxième catégorie ; ce sont
d'anciennes défriches encadastrées au nom des particuliers ; la
commission centrale exige une indemnité double du revenu

---

(1) Archives Départementales de l'Aveyron : *Dossier La Cavalerie*.
(2) M. Boscary, dans l'*Evolution agricole de l'Aveyron au XIXe siècle*,
parle très brièvement des enquêtes de 1844 et 48 et passe sous silence
les partages qui suivent. Le côté politique de la question lui a échappé
complètement. Une loi du 6 décembre 1850 avait institué une procédure
susceptible d'être appliquée pendant 20 ans. Une première prorogation
fut consentie en 70, 81 et 90. D'après la loi de 92, l'usager peut demander le cantonnement et pas seulement le propriétaire.
(3) Archives Départementales de l'Aveyron : *Dossier La Cavalerie*.

cadastral pour faire des communistes qui en jouissent, des détenteurs définitifs et supprimer le droit de parcours ;

3° Le partage des communaux de première catégorie pour 40 ans ; il y en a 1.600 hectares ; .

4° La vente des parcelles encloses dans les biens de deuxième catégorie. A Rodez, on exige 10 annuités au lieu d'une, mais les pauvres pourront payer par une rente au 1/20 du capital ou par des prestations en nature.

Toutes ces opérations se réduisent à deux :

Le rachat du droit de parcours et le partage.

Laisser racheter le droit de parcours, c'était aliéner définitivement une grande part des communaux jouis par des particuliers. Les intéressés pensent, au contraire, « qu'un terrain ne peut appartenir à un particulier et en même temps à la commune » (1). Quoi qu'il en soit, dans toutes les communes où il existait, le parcours fut racheté (2). Le rachat eut lieu généralement avant le partage, sauf à l'Hospitalet : là il sera exercé parce que, à cause du partage, on ne peut plus en jouir commodément (3). Si la population vit ce rachat avec plaisir, quelques-uns trouvèrent plus simple de ne rien payer du tout, tout en bénéficiant des mêmes avantages ; il fallut envisager le cantonnement du sol ou la dépossession par voie judiciaire. Les intéressés finirent peu à peu par se soumettre (4).

Les opérations du partage furent plus longues à raison même des opérations qu'il entraînait ; la durée du partage variait

---

(1) Archives Communales : *Délibération Sainte-Eulalie*, 1859.

(2) Archives Communales : *Délibération Sainte-Eulalie*, 1859.— D'après le sous-préfet, le taux de rachat basé sur le revenu cadastral était trop bas parce que ce dernier n'était que le 1/4 du revenu réel.

(3) Le rachat sera du 1/5 de la valeur des immeubles calculée sur la base du revenu cadastral. Il s'agit de 36 exploitations groupant 74 parcelles ; revenu net de 159 francs racheté pour 1313 francs, c'est la grosse majorité des terres, *La Cavalerie*, 1865.

Id. l'Hospitalet, 1865.

(4) La véritable raison du rachat par le paysan, ce n'est pas l'amélioration de l'agriculture, c'est le fait de devenir propriétaire là où il n'était que détenteur.

Archives Communales : *Le Viala*, 1860, mai.

au gré des municipalités de 12 ans à Saint-Beaulize, à 18 ans au Clapier, 27 à Tournemire, 40 ans à la Cavalerie et à Sainte-Eulalie. Les conditions variaient aussi du moins dans les avant projets (5), mais il semble que pour le partage définitif, un cahier des charges type fut dressé par l'administration, car ils ne présentent d'une commune à l'autre que des différences insignifiantes. Prenons pour base celui de Sainte-Eulalie. Les 2545 hectares sont divisés en 60 lots, nombre égal à celui des chefs de famille ; 9 lots supplémentaires sont mis en réserve. Le tirage des lots a lieu par la voie du sort pour une durée de 40 années. Les lots de ceux qui quitteront la commune feront retour à celle-ci, exception faite en faveur du cohéritier résidant ou du représentant : cessionnaire, acquéreur, fermier, domestique non pourvu d'un lot personnel. Sauf autorisation, il est défendu de sous-louer ; tous les cohéritiers ou cessionnaires sont liés pour l'exécution des charges. Les lots ayant fait retour à la commune seront attribués par rang d'ancienneté aux nouveaux venus domiciliés depuis 1 an.

Les maris ou femmes devenus veufs ou veuves conserveront les lots jouis en communauté. Nul chef de famille ou de maison ne peut réunir deux lots sur sa tête ; l'héritier déjà pourvu sera tenu d'abandonner le lot de sa femme. Les détenteurs seront tenus de jouir de leurs lots en bon père de famille, en conséquence, ils devront les cultiver, fumer, ensemencer en temps et saison convenables et les rendre à la fin du bail en bon état de culture et d'engrais. Il est interdit de couper ou arracher aucun arbre à pied même ceux qui ont été plantés par le locataire. Ce dernier devra payer une redevance de 7 francs par lot et par an, plus les contributions et frais de mutations.

Le tirage au sort eut lieu, le 4 mars 1862, sur le palier et l'escalier extérieur de la maison Terrou, place du Portail, au moyen de deux urnes placées sur deux tables séparées contenant l'une les noms, l'autre les numéros. Le tirage fut fait par deux

----

(1) **Archives Communales** : *Sainte-Eulalie*, 1858.

enfants qui sortaient simultanément un billet des urnes et le remettaient à M. le Maire (1).

A Saint-Beaulize, on ajoute une clause de détail ; les buis seront coupés au niveau du sol avec une hache ou une pioche et non avec une faucille ; chaque copartageant devra laisser croître les buis en bordure, etc... A Cornus, où l'on partage pour 40 ans, il est spécifié qu'à l'expiration des 11e, 21e et 31e année, des primes seront accordées au copartageant qui aura le plus amélioré son lot, sur l'avis d'un jury, présidé par le sous-préfet ou le président des comices (1) (2). A la Cavalerie, on spécifie qu'aucun forain ne pourra louer des lots et au renouvellement du partage dans 40 ans, il faudra 10 ans de résidence. A la Couvertoirade, le partage se compliquait du fait que certaines terres étaient communes à toutes les sections ou à quelques-unes seulement et à l'intérieur de chaque section les habitants voulaient exclure les nouveaux-venus ; les choses finirent par s'arranger ; pour le seul grand communal, chaque feu reçut une part estimée en capital à 1073 francs.

A Tournemire (3), on prend soin de faire remarquer que les parts sont indivisibles, inaliénables et héréditaires en ligne directe, mais elles resteront au chef de famille qui sera reconnu

---

(1) Archives Communales : *Délibération*, 1859-60-61-62.
Cahiers des charges.
Sainte-Eulalie, La Cavalerie, L'Hospitalet, Cornus, etc.
Il y eut à vrai dire quelques contestations les mêmes partout :
1° Celui-ci est fermier au dehors, mais a conservé une chambre à Sainte-Eulalie, il veut 1 lot.
2° Celui-là a cédé son bien aux enfants, mais a conservé un logement.
3° Cet autre, disparu depuis longtemps, a un lot de champ dans la commune.
4° Cette autre encore « mange au même pot et même feu que son frère » mais a une chambre hors de sa maison.
5° Ici où le partage de famille va se faire, il faut 1 lot pour les futurs copartageants, etc,. etc...
(2) La redevance annuelle représente le 1/4 du revenu réel et la moitié avec les frais.
(3) Archives communales : *Tournemire*, délibération 1860. « La plupart des habitants, l'hiver surtout n'ayant de quoi faire se réunissent, se groupent, vont à l'auberge manger bien souvent le pain de leurs enfants, ruiner leur santé, donner le mauvais exemple », le partage est voté à l'unanimité. Tournemire.

tel par tout le monde. Enfin, dans les sections à terrain très varié, comme la Bastide-des-Fonds, on fit 3 lots par feu, chaque lot étant dans un sol différent.

Il y eut encore quelques difficultés au moment du partage, les pauvres voulant défricher aussitôt et les riches préférant conserver la dépaissance commune jusqu'au 31 décembre.

Par contre, dans l'Hérault, le préfet ne se souvint plus qu'il avait 5 ou 6 pauvres communes sur le Causse avec des communaux et n'en vit pas l'intérêt politique ; la jouissance resta commune. Nous en verrons plus tard les conséquences (1).

Ainsi fut réalisé le partage des communaux (2). Avec plus d'opportunité que la Révolution, les maîtres de l'heure avaient voulu s'attirer les suffrages des électeurs en jetant aux prolétaires affamés un lambeau de la Terre Promise ; mais dans cette course électorale, ils avaient oublié, une fois de plus, de déterminer le point essentiel : savoir combien il fallait de terre pour nourrir un homme (3) (4).

Un avenir prochain se chargera d'ailleurs de le démontrer. Partout maintenant on demande que lors du second partage, il soit tenu compte de la plus value. Peu à peu, toutes les communes votent que le partage temporaire devienne définitif ; les avantages en seraient multiples, à leur dire :

les charges seraient réduites de beaucoup : chaque co-partageant paye annuellement 26 francs de taxes pour son lot ; si la vente s'effectuait, chaque possesseur de lot ne payerait que 12 francs environ de contribution ; le partage entre les enfants serait plus équitable : si les lots devenaient propriété privée, le père, à son décès, les partagerait entre chacun de ses enfants

----

(1) Archives Communales : *Cornus*, 1858-61. — Il existe une foule de documents à ce sujet, sans grand intérêt.

(2) Archives Communales : *Le Viala*, 1860.

(3) Vers 1880. La Panouse partagera aussi pour se procurer des ressources.

(4) On partagera dans l'Hérault à Saint-Pierre, mais parce que l'Etat ayant pris 1.100 hectares pour reboisement, il n'y aura plus assez de terre pour tout le monde, 1880.

comme les autres bien qu'il délaisse ; or, d'après la loi qui régit les communaux, l'héritier qui continue de résider dans la commune a seul droit au lot paternel quelque important qu'il soit ; les lots acquéraient une bien plus grande valeur, car le propriétaire peut faire des réparations trop onéreuses pour un fermier ; d'ailleurs, il serait injuste qu'à l'expiration du partage actuel, on procédât à un nouveau tirage au sort, car celui qui n'a pas touché à son lot pourrait rencontrer le lot de celui qui a exécuté beaucoup de travaux et réciproquement ; d'ailleurs, les communes ont besoin d'argent pour réparer les églises, bâtir des écoles, creuser et entretenir les mares ; les sommes disponibles seraient utilisées en rentes sur l'Etat (1).

Certaines communes pourtant laissent entrevoir la véritable pensée des habitants. Dans les plus pauvres, la haine de l'étranger est toujours aussi vivace : 10 ans sont à peine écoulés et déjà l'on constate que les lots communaux sont encore passés aux mains des étrangers ; aussi demande-t-on que les propriétaires du pays aient un véritable droit de priorité sur les lots vacants afin que les nouveaux venus ne viennent pas les cultiver (2).

D'autres communes constatent avec surprise que le partage des communaux n'a en rien diminué la misère générale. Il faudrait pouvoir vendre les lots : pour se procurer des ressources sans doute, mais surtout pour encourager les défrichements : « attendu que depuis que le partage a été fait, ce terrain est resté comme par le passé à l'état inculte » (3).

Mais les doléances n'ont point de réponse, car l'Administration, d'ailleurs impuissante, a maintenant d'autres soucis (4) que le bien-être des électeurs.

Les résultats ne sont pas longs à se faire attendre.

---

(1) Archives Communales : *Sainte-Eulalie*, *Le Viala*, *Cornus*, *La Couvertoirade*. Incoté.

(2) Le seul exemple de vente des Communaux est à la Bastide qui fut autorisée à vendre les lots communaux des anciens copartageants. 102 acquéreurs à 400 francs le lot = 40.800 francs.

(3) La mairie dresse la liste des lots pour pouvoir les vendre et des mesures sont prises contre les récalcitrants.

(4) Archives Communales : *La Couvertoirade*, 1870 ; *La Cavalerie*, 1883. Masse énorme de documents incotés.

III. — COMMENT S'EST RÉSOLUE LA CRISE AGRAIRE.

1. — L'abandon des communaux.

Lors du partage (1), à Saint-Pierre-de-la-Fage, on fit 79 parts. En 1900, il restait 49 feux ; 34 en 1920 ; 28 à l'heure actuelle, mais quand les vieux seront morts, on n'en comptera pas une vingtaine. La Cavalerie, en 1860, fit tirer 360 lots ; il ne reste que 180 feux. De 260, Sainte-Eulalie est tombée à 110, le Viala est passé de 80 à 45.

Le canton de Nant, riche en terres et en hommes à cause de sa vallée, avait en 1850, 32 habitants au km2 ; il est tombé à 14 ; Cornus venait au second rang avec 22 habitants, il n'en reste plus que 11 ; le canton du Caylar, situé uniquement sur le Larzac, est passé de 15,7 au km2 au chiffre dérisoire de 7,5.

Si l'on prend pour base l'ensemble des communes du plateau, on voit que 5275 habitants vivent actuellement sur plus de 52.160 hectares, ce qui donne environ 10 habitants au km2 ; mais si l'on déduit les gros villages chefs-lieux de canton (qui ne dépassent pas 700 habitants), on trouve des communes squelettiques, telles le Cros ou Saint-Maurice, avec 5 habitants au km2, telles Saint-Félix avec 4,7, Saint-Pierre avec 4,5, etc...

(1) Saint-Pierre-Hérault. Partage en 1872, à cause de l'expropriation pour reboisement.

Ces chiffres sont eux-mêmes au-dessous de la vérité; car les maires des petites communes peu fiers de régner sur une population si réduite, forcent les chiffres officiels souvent d'un quart, parfois d'un tiers : Sorbs compterait au plus 80 habitants sur 112 déclarés (1).

Le nombre des électeurs pourrait fournir une base plus solide, mais, sous des prétextes divers, on refuse de communiquer les listes : Saint-Félix à 20 électeurs, assure le garde. Or, en comptant le maire, l'adjoint, le secrétaire, qui tous habitent la ville, en y ajoutant les parents et les amis, on arrive à peine à la quinzaine. A Romiguières, tous les électeurs sont membres de droit du conseil municipal et pour compléter les listes, il faut faire appel aux domestiques gagés à l'année.

Pourtant, il y a des chiffres et des faits que les municipalités ne peuvent cacher ; ce sont les fermes et les villages abandonnés.

A la Cavalerie, sur 13 fermes habitées en 1868 (2), 10 sont abandonnées ; Sauclières, à la même époque, comptait 23 lieux habités, à l'heure actuelle, 10 sont déserts ; et si dans les 13 restant, il y a encore un peu de vie, c'est parce que ce sont de petites agglomérations passées de 100 à 63, de 54 à 26, de 28 à 4. Il en est de même sur tout le Larzac : si les villages ont perdu les 2/3 de leur ancienne population, les petites agglomérations ont baissé des 3/4, et presque toutes les petites fermes sont abandonnées : si l'on faisait le recensement des maisons qui se sont fermées, on les compterait par dizaines dans chaque commune, par centaines dans le canton, par milliers dans le pays. La loi sur les habitations à bon marché, ne sera pas ici d'utile application. Cazejourdes est tombée de 225 habitants à 17 ou 18. Saint-Rome-de-B. est passée de 150 habitants à une quinzaine ; peu de personnes savent encore l'emplacement de Saint-André-du-Pas-de-Ceilhes. A Notre-Dame-de-Bouviala, deux vieux gardaient encore les ossements de leurs anciens curés, ramassés à la pelle dans un coin de la crypte. A leur tour, ils sont partis en Langue-

---

(1) Le Caylar, 480-508 ; Saint-Michel, 110-153.
(2) Darde : *Dictionnaire des lieux habités de l'Aveyron.*
Thomas : *Dictionnaire géographique de l'Hérault.*

doc. Avec plus de sûreté que les obus, le temps a détruit le village de la Pascalerie, devenu un repaire de renards ; un toit tient encore ; de temps en temps, un berger transhumant vient s'y abriter ; mais si l'on pousse plus loin sur le Causse, on trouve des lots de terrain de plus de 10 kil. carrés totalement inhabités.

Et pourtant des hommes ont vécu là ; les appellations anciennes, les cimetières gazonnés, les tas de pierre innombrables prouvent l'effort incessant de nombreuses générations de semeurs de froment ; dans un repli de terrain, des arbres tordus par le vent annoncent la présence d'une habitation ; en effet, l'antique maison familiale semble avoir tendu devant elle un rideau de verdure comme pour cacher à tous sa honte et sa misère. Sous l'action corrosive de la goutte d'eau, les poutres maîtresses ont fléchi, les toits sont tombés sur les voûtes, et ces dernières faites avec les pierres gelives du pays commencent à se disloquer ; les bergers ont emporté les planches, les portes, les volets, choses toujours précieuses en ce pays ; la tempête a renversé le sommet des murailles ; les citernes se sont crevées. Seule maintenant, absolument seule, la terre abandonnée dresse vers le ciel des pans de murs informes comme pour prouver à l'explorateur l'ingratitude de ses enfants. Sunt lacrymæ rerum.

Un de ceux qui ont le plus signalé au grand public le pays des Causses, M. Martel, assurait un jour à des touristes, devant les ruines du château de Saint-Véran, que le glorieux défenseur de Québec était sorti de là. Un paysan l'interrompit pour dire : « Ah !... il avait bien de la chance d'en être sorti. » Cette réflexion naïve amène à se demander : Où vont ceux qui partent, pourquoi ils partent.

2. — Où sont allés les émigrants.

Prenons pour type l'ancien village de Montclarat, situé sur les penchants du Causse à l'entrée de la vallée du Cernon : aujourd'hui, il n'y a que 20 résidants, dont le curé et sa bonne ; encore faudrait-il déduire 4 vieillards décédés cet hiver or, de la dernière génération, il en est sorti : 1 gantier, 1 chauffeur, 1 serrurier, 2 cimenteurs, 2 manœuvres, 1 représentant en Amérique, 1 en Chine, 2 à Roquefort, 1 tué à la guerre, 2 missionnaires, 1 berger, 2 journaliers et 4 agriculteurs.

Même diversité chez les femmes : 1 femme de facteur, 2 gardes-barrières, 1 garde-mine, 1 femme de journalier, 1 gérante de café, 2 gantières, 1 missionnaire à Athènes, 3 femmes de cultivateurs, 9 cabanières à Roquefort.

Au total, il est sorti 23 hommes et 21 femmes. Et de la nouvelle génération, le village n'a que 4 enfants.

L'examen de ce tableau permet déjà de discerner les grandes lignes de la dépopulation :

1° Les deux principaux courants d'émigration sont, soit le Languedoc, soit les centres industriels voisins de Lodève ou de Millau ;

2° La plupart de ceux qui s'en vont quittent le terre pour prendre un métier ou rentrer dans les fonctions publiques ;

3° Dans l'immense majorité des cas, l'émigration est définitive: les mêmes causes qui militent pour le départ s'opposant au retour des émigrants.

Ces trois caractéristiques sont celles de tous nos villages avec des nuances plus ou moins accentuées, suivant leur situation géographique ou économique. Ainsi pour tous les villages situés entre l'Orb et la Virenque, c'est-à-dire tous les villages du Lodévois, les émigrants sont descendus dans la plaine, mais, au fur et à mesure de l'apparition des fonctions nouvelles, telles les chemins de fer, les jeunes gens s'y sont précipités, les considérant comme plus avantageuses, de sorte que dans tous ces villages, 50 % des émigrants sont dans la plaine et les autres dans les chemins de fer.

Exemple : Saint-Maurice, Le Cros, Saint-Pierre, Saint-Michel, etc...

Les villages, comme la Couvertoirade, situés sur la ligne de partage des eaux, se ressentent de cette situation. De 390 habitants en 1894, le village est tombé à 100 ; il en est sorti une foule de fonctionnaires (1), mais aussi des jeunes gens, qui, dès l'âge de 14 ans, sont descendus vers Lodève, Nîmes ou Montpellier ; quelques familles sont en Languedoc, quelques autres à Paris. Plus loin, à Sauclières (2), le chemin de fer a draîné vers le Vigan et Nîmes, beaucoup de familles.

A la tête de la vallée de la Sorgues, Cornus, chef-lieu de canton a vu partir, lui aussi, une foule de jeunes gens : la réussite de quelques familles avait attiré autrefois vers Montpellier la plus grande partie d'entre eux, mais depuis trente ans, les jeunes quittent le pays, après le service, et vont s'établir dans les pays bas comme ouvriers agricoles, car la vie y est plus facile. Généralement, avec leur goût pour l'économie, ils arrivent à une petite aisance assez rapidement ; les jeunes filles aussi allaient s'établir en condition, mais le nombre d'émigrants jeunes ayant diminué, les propriétaires viennent les chercher ; alors que seul le célibataire s'en allait, maintenant les jeunes ménages, à leur tour, abandonnent le sol pour aller dans les vignobles, non plus comme journaliers, mais comme régisseurs.

Parfois le courant d'émigration quitte les voies naturelles pour suivre la voie ferrée : à Saint-Paul (3), par exemple, les partants, au nombre de 40, sont allés s'installer toujours en Languedoc, mais dans les localités situées près de la ligne Béziers-Paris.

Enfin, dans la partie nord du Causse, Roquefort est le grand centre d'attraction : les villages les plus éloignés fournissent des gérants pour les laiteries du Massif Central, de Corse ou des Pyrénées. A ce point de vue, l'influence de Roquefort est bienfaisante ; de plus, tous les villages situés seulement à quelques heures de marche fournissent des ouvriers et surtout des caba-

---

(1) En 20 ans : 2 institutrices, 2 postiers, 2 aux colonies, 2 officiers, 2 gendarmes, 1 garde prison, 1 douanier, etc...

(2) A Sauclières, depuis la guerre : 6 employés de chemins de fer, 3 ouvriers agricoles, 1 institutrice, 1 médecin, 1 propriétaire devenu ramonet, 1 maçon, 1 gendarme, 9 maisons fermées par décès.

(3) De 400 en 70, Saint-Paul est tombé à 230 ; depuis dix ans, il en est parti en outre, 22 à Roquefort, 10 à Paris, 10 instituteurs, 3 dans l'enregistrement, etc...

nières : dans la vallée du Cernon, il n'est pas une famille qui n'y soit représentée.

L'émigration vers Paris qui , à l'extrémité du département fait le vide dans toutes les paroisses, se fait sentir ici dans la mesure où l'on s'éloigne du Languedoc : tous les villages (1) qui regardent au nord les vallées du Tarn ou de la Dourbie, ont des représentants à Paris.

On verra plus loin que la dépopulation a été moins active dans les pays où le terrain produit la pomme de terre et les fourrages artificiels : la même différence se retrouve, si l'on compare la qualité des émigrants : les pays exclusivement calcaires fournissent surtout des bergers et des ouvriers manuels, les autres donnent de préférence des fonctionnaires (2) ; mais depuis que l'aisance est un peu plus répandue dans les familles, la situation sociale des émigrants gagne en importance et en variété (3).

Lieu de passage pour les marchands, le Larzac semble avoir été une halte dans la descente des peuples vers la mer : venus de la rive droite du Tarn ou des Cévennes, les émigrants, mangeurs de seigle et d'orge, se fixent pendant quelques générations sur cette terre hospitalière, où chacun peut semer du froment sur autant de terre que ses bras peuvent en cultiver, puis reprennent leur course vers la plaine.

Dès l'an XI, alors que la population du Causse est en pleine croissance, le conseil d'arrondissement de Lodève signale l'exode rural accusant déjà la prospérité viticole d'être la cause de ce fléau. La dépopulation, au sens ordinaire du mot, a sévi vers 1850 : elle a commencé plus tôt dans les communes exclusi-

---

(1) Depuis 20 ans, il est sorti de la Cavalerie, 125 personnes : dont : 36 jeunes filles qui se sont mariées au dehors, 24 hommes ou femmes sont à Roquefort, 8 dans les chemins de fer, 20 à Paris, dont 7 serveurs dans les hôtels, etc.

(2) Au Viala, en 1906 : 2 institutrices, 4 instituteurs, 2 receveurs de l'enregistrement, 2 conducteurs des ponts-et-chaussées, 1 receveur des contributions, 1 employé de mine, 6 employés de chemins de fer, 3 cordonniers, 3 gendarmes, 3 prêtres, etc...

(3) Au Caylar, depuis 1922, il est parti : 1 professeur, 5 employés d'Etat, 3 coiffeurs, 1 vigneron, 1 contrôleur à Marseille, 1 dans les filatures, etc.

vement calcaires. L'utilisation inespérée des terres à seigle par la pomme de terre et les fourrages artificiels a un peu enrayé le mouvement. La population a baissé de moitié dans ces dernières, et des deux tiers dans les autres. Cette différence laisse entrevoir les causes profondes de l'exode rural : les prolétaires furent les premiers à sentir la faim et à s'en aller, mais depuis que plus de bien-être a pénétré dans les maisons, une partie de la bourgeoisie rurale a abandonné une terre trop ingrate, tandis que l'autre partie agrandissait ses domaines pour mieux rémunérer son capital.

Une loi d'économie politique assure que les bras suivent les capitaux : las de mettre leurs espérances dans un capital terre à peu près épuisé, les prolétaires des champs devinrent ouvriers des villes, dès que l'industrie commença à se développer. Les grands travaux publics de la seconde moitié du XIXe siècle utilisèrent une main d'œuvre immense, séduite d'avance par l'appât d'un salaire en numéraire, bien préférable au salaire en nature et toujours moins aléatoire.

La construction du chemin de fer causa un tort immense par la raréfaction de la main d'œuvre, mais chez nous, la construction de la ligne Béziers-Paris, parallèle à l'ancienne voie commerciale qu'était la route d'Auvergne, prit les proportions d'un désastre : le cheminot a tué le roulier et avec lui tous ceux qui directement ou indirectement vivaient du roulage.

Toute une population d'artisans, d'entrepreneurs, de commerçants dut s'expatrier en quelques années.

La crise agricole de la fin du XIXe siècle compliqua encore la situation : la main d'œuvre renchérissait, tandis que les prix baissaient ; l'industrie laitière, base de l'agriculture locale était

---

(1) Cf. Marre, Op. cit.
(2) Voir Statistiques.
(3) en 1850, La Couvertoirade 23 au K.M.S. né 1928 7,4
          Le Cros 15 5
          Saint-Félix 9,9 4,7
          Saint-Pierre 18 4,5
          L'Hospitalet 28 14
          Le Caylar 39 23

elle-même dans le marasme et les industriels de Roquefort accusés de ne laisser au paysan « de la volaille que la plume, du gibier que les os » durent subir devant la Chambre les violentes attaques du parti socialiste (1).

Mais Jaurès n'avait pas vu toute la gravité de cette crise à la production. Pour contrebalancer la mévente, il fallait produire beaucoup et à peu de frais : l'engrais permit, chose alors inconnue, de semer du froment dans les terres à seigle et de décupler le rendement des fourrages, tout en favorisant l'introduction des machines. Mais ces terres étaient toutes propriétés privées, de plus, elles étaient rares, tous ceux qui n'avaient que des calcaires improductifs durent les abandonner ; ce changement complet dans les méthodes de culture prépara la fortune des privilégiés nantis du bon terrain, mais ruina définitivement et pour toujours la majorité des autres. De cette époque datent les milliers de maisons abandonnées. Ce bouleversement économique en est la cause.

Ainsi le progrès de l'industrie avait déjà supprimé la crise agraire par la disparition du prolétariat rural, les progrès de l'agriculture créent maintenant une démarcation sociale très nette entre deux catégories de propriétaires : la période qui s'étend de 1900 à 1914 fut consacrée à la disparition définitive des mal lotis, disparition facilitée d'ailleurs par la démagogie électorale.

Dans le solide noyau qui restait encore, la guerre fit une saignée formidable : il n'est pas une famille qui n'en ait été victime, de petits villages de 300 habitants, comme Labastide, perdent 35 soldats ; si l'on compte les vieillards, les femmes et les enfants, le taux des disparus par rapport à la population totale arrive parfois à 15 et même à 16 pour cent (2).

L'après-guerre a vu encore l'accélération du mouvement : on le doit à l'aisance générale autant qu'à la multiplicité des besoins nouveaux, et à la concurrence effrénée des maisons de Roque-

(1) Journal Officiel, juillet 97. *Discours de Jaurès.*
(2) Vigarié : *Livre d'or de l'Aveyron.*

fort, et surtout à la loi de huit heures, avec le recrutement considérable de personnel qui en fut la conséquence dans les chemins de fer : de Sainte-Eulalie comptant officiellement 421 habitants, il est sorti en moins de dix années : 11 employés des postes, 4 instituteurs, 3 employés des contributions, 1 employé d'enregistrement, 2 employés de chemins de fer, 1 menuisier, 1 fermier, 3 commerçants, 1 plâtrier, 5 domestiques, 2 métayers et 22 laitiers, 4 familles sont parties à Roquefort, 10 autres se sont éteintes. Sans doute, le départ des laitiers n'est que saisonnier, mais l'expérience prouve qu'en fait, il est définitif ; le calcul fait pour une commune peut s'étendre à toutes : les proportions sont semblables (1).

Les considérations historiques qui précèdent permettront d'envisager l'état économique de la question à l'heure actuelle.

Prenons pour base le village du Clapier, 225 habitants : dans les dix dernières années, il en est sorti : 24 jeunes hommes (2), un seul est venu s'y installer ; 21 jeunes filles (3), et 6 seulement y sont venues par mariage ; la perte globale est donc de 38 personnes. Le village est formé de gros propriétaires, de propriétaires possédant entre 10 et 15 hectares, des tout petits propriétaires, des familles domestiques, des artisans et des commerçants.

---

(1) De 1919 à 1928, il est parti de l'Hospitalet (331 habitants) : 10 laitiers, 8 employés de chemins de fer, 1 cantonnier, 1 postier, 2 jeunes filles, 1 garçon d'hôtel, 1 pâtissier, 1 maçon, 1 boulanger, 1 bourrelier, etc.

(2) 8 fonctionnaires ou assimilés, 3 artisans, 6 ouvriers agricoles, 2 commerçants, 4 employés divers à Paris et 1 père âgé.

(3) 7 ont épousé un fonctionnaire, 1 un commerçant, 1 un artisan, 1 un domestique, 4 sont entrées en condition, 4 sont parties chez un autre propriétaire, 3 vieilles mamans.

Pour être complet, il faudrait mentionner le cantonnier en place depuis un an ; mention devrait être faite d'un aspirant à l'emploi de cantonnier, il attend le résultat de sa demande, il faudrait citer aussi deux filles de ce riche fermier, dont les futurs gendres : un gendarme et un douanier ont obtenu l'appui du député. En résumé, départs très nombreux, pas une famille qui n'ait de représentants à la ville ; l'attraction de l'Hérault diminue ; les plus ambitieux gagnent Paris ; la mode est au fonctionnarisme.

3. — Ceux qui partent.

Plusieurs distinctions sont ici nécessaires :

1° Les gros propriétaires : la commune comprend 13 propriétés importantes : 9 sont exploitées par le propriétaire lui-même, 4 par des fermiers ; tous font bien leurs affaires ; 9 emploient des domestiques ; la famille suffit aux autres. A proprement parler, la main d'œuvre ne fait pas défaut ; elle se recrute en partie dans le pays ; la grande propriété pourrait nourrir aisément deux familles, mais la coutume interdit le morcellement: les cadets et les cadettes sont plus accommodants qu'autrefois, l'aîné, plus riche, transige volontiers ; les successions se règlent sans difficultés, et la propriété reste à l'aîné ; mais que deviennent les cadets? Ailleurs on pourrait établir une distinction entre les propriétaires de longue date, et les propriétaires nouveaux venus, après la guerre.

Chez les premiers, les cadets recevaient presque toujours une instruction libérale, le temps a manqué aux seconds. Cette éducation libérale suppose une certaine aisance qui n'existait pas du tout au Clapier avant la guerre ; pas un bien de famille qui ne fut grevé d'hypothèques, à cause des successions. Quelques familles riches enracinées depuis longtemps dans le pays, servaient de banquiers aux paysans. Les cadets travaillaient alors à la propriété, jusqu'au jour où suivis de leur dot, ils étaient acceptés comme gendre dans d'autres familles, surtout parmi les viticulteurs de l'Hérault. Les autres ne dédaignaient pas les emplois les plus simples dans les chemins de fer, la gendarmerie, malgré une dot convenable et des espérances plus grandes. Si donc, il n'y a pas plus d'employés instruits nés dans ce village, c'est que malgré l'aisance actuelle, peu de propriétaires avant la guerre avaient les moyens de faire instruire leurs enfants, et depuis, tout comme aux nouveaux, le temps leur a fait défaut.

Quant aux filles, elles prennent d'autres bons propriétaires, ou des commerçants, et surtout des employés ou fonctionnaires, se montrant peu difficiles sous ce dernier point. Il n'est jamais arrivé que les enfants de ceux-ci, remontent le courant et redeviennent, comme leurs pères, des paysans décidés à habiter la campagne.

2° La propriété moyenne est assez bien répartie. Au Clapier, une vingtaine de familles possèdent de 10 à 45 hectares, mais dans chaque bien, il n'y a place que pour une famille qui exploite seule. Autrefois les enfants de ces propriétaires moyens acceptaient de travailler chez les gros propriétaires, parce que ordinairement ils étaient nombreux ; les plus jeunes à la maison aidaient aux parents. Aujourd'hui cette main d'œuvre est tarie : les familles sont moins nombreuses, et elles mettent un point d'honneur à garder leurs enfants qu'ils emploient d'ailleurs utilement à mieux exploiter le domaine. Jusqu'à vingt ans, les cadets restent à la maison, comme l'aîné ; d'abord, ils gardent les oies, les dindons, bientôt les bœufs, puis ils veillent sur le petit troupeau de 30 ou 40 brebis, et enfin ils font avec le père l'apprentissage de leur dur métier.

Après le service militaire, ils comprennent que la ruche est trop petite ; s'ils veulent monter ménage, ils doivent quitter la famille, se louer, ou chercher un emploi, sinon ils feront les oncles à la maison ; mais le plus souvent ils sollicitent l'appui d'un homme politique dont ils deviennent ainsi les clients et les électeurs avec le reste de leurs parents. Quand la désignation d'emploi arrive, la famille est en fête : l'héritage est sauvegardé ; le cadet a un emploi, un mariage même est en vue, car le plus souvent les parents de la future et la future elle-même ont fait de l'emploi une condition sine qua non. Donc, pendant ces dix ans, les cadets des propriétés moyennes sont devenus fonctionnaires un peu partout ou employés à Paris.

Les filles ont épousé de préférence des fonctionnaires ou employés, deux d'entre elles sont filles uniques : leurs parents ont de l'argent et du bien au soleil ; elles ont préféré l'une un contrôleur, l'autre un commis-voyageur. Voilà deux maisons destinées à disparaître à la mort des vieux.

3° Les détenteurs de la plus petite propriété (de 2 à 10 hectares)(1), ceux qui ne possèdent qu'une terre principale : la terre d'Oustal, et qui trouvaient dans les journées de travail de quoi joindre les deux bouts, les journaliers, comme on les appelait, si utiles au moment des grands travaux, sont en train de disparaître ; ici, même l'étape est franchie : les journaliers ont disparu. Si leurs maisons n'ont pas trouvé acquéreurs, elles tombent en ruine.

4° Les familles domestiques forment une autre catégorie. Ce sont des familles étrangères au pays du côté du père ou de la mère, parfois des deux côtés : deux domestiques se sont mariés, avec leurs maigres ressources, ils ont acheté une vieille maison ; le mari est domestique dans un domaine des environs, berger le plus souvent ; la femme, quand elle peut, prête mainforte à la fermière pour la lessive, la traite, la fenaison ou la moisson. Ils ont ordinairement beaucoup d'enfants : ce sont eux, qui jusqu'à vingt ans fourniront le principal contingent des domestiques de ferme ; il y a au Clapier, 3 familles de ce genre : en voici une, à titre d'exemple : le père, berger, 58 ans ; l'aîné, cantonnier, 21 ans; le cadet, employé de chemin de fer à Paris, 27 ans ; une fille épouse d'un domestique de ferme, 22 ans ; une seconde fille domestique de ferme, 19 ans ; une troisième fille en service à Paris, 18 ans ; un dernier né à la maison avec sa mère, il a 10 ans. Ces familles essentiellement domestiques disparaîtront, mais pour faire place à d'autres, sans aucun lien avec les premières. Pourquoi seront-elles remplacées? Parce qu'en l'état actuel des choses, il y aura toujours quelque domestique d'esprit lourd, incapable de servir hors d'une ferme, qui unira sa destinée a une jeune fille de même esprit. Leurs nombreux enfants, après s'être loués jusqu'à vingt ans, entreront dans le fonctionnarisme, l'usine trop éloignée ayant moins d'attrait.

------

(1) Il ne faut pas oublier et on ne le répètera jamais assez que la dépopulation des campagnes est due au départ des familles pauvres. La propriété intéressante peut perdre son maître : elle en trouvera toujours un autre. Le nœud de la question est là.

5° L'artisanat subit lui aussi une crise qui a toutes les apparences de l'agonie. Il y a quinze ans, le village comptait trois forgerons, un charron, un menuisier, un tailleur d'habits, deux cordonniers, trois maçons. Aujourd'hui plus de forgerons, plus de charron, il reste le menuisier, 70 ans ; le tailleur d'habits 50 ans ; un cordonnier, 48 ans et deux maçons dont l'un a 70 ans. Dans quelques lustres, il ne subsistera que le maçon, les autres ne pouvant être remplacés ; c'est l'artisan d'un centre plus important qui fera le travail du Clapier ; un forgeron était venu s'installer après la guerre ; au bout d'un an de travail, il a dû gagner les ateliers de la Compagnie.

6° Les petits commerçants : épiciers, hôteliers sont réduits à la plus simple expression ; exceptionnellement, sans doute, il y a trente ans, au Clapier, on comptait 5 cafés, 2 hôtels et 3 épiceries ; aujourd'hui encore, il reste 2 auberges et 3 épiceries, mais toutes sont dans le marasme et probablement le jour n'est pas loin où ce village subira le sort de son voisin où, en 10 ans, les deux auberges et les deux épiceries ont cessé d'exister.

En résumé, qui reste à la campagne? Un seul rejeton du gros exploitant, un seul rejeton de l'exploitant moyen, quelques domestiques par vocation qui auraient été rejetés à la terre par l'examen de l'école unique.

Qui s'en va?

Tout le reste.

Et comme complément, ajoutons, qui ne se renouvelle pas? les artisans et les commerçants.

4. — Pourquoi ils partent.

Et d'abord, la désertion des campagnes est un mot impropre : il vaudrait mieux dire la dépopulation des campagnes : la dépopulation a toujours existé, nous l'avons vu, mais elle n'est pas due au départ des cadets et cadettes qui, de tout temps, ont quitté le pays ; les fils des gros propriétaires auraient pu rester au pays pour cultiver leur part d'héritage, quitte à l'abandonner ensuite pour permettre à d'autres de s'agrandir ; d'ailleurs, on ne peut faire de distinction entre gros et petits, au Clapier, du moins, où la plus grande propriété dépasse à peine 150 hectares, aux deux tiers en pâture.

La raison déterminante du départ des enfants est d'ordre économique et de même force autrefois qu'aujourd'hui : le père a l'étendue qu'il lui faut pour nourrir sa famille, mais il ne peut en distraire la quantité nécessaire pour une seconde ; impossible de faire des acquisitions, puisqu'il n'y a rien à vendre, ou si peu qu'elle ne saurait en recevoir de notables changements.

Ce n'est donc pas le paysan qui manque à la terre : c'est la terre qui manque au paysan. La dépopulation d'aujourd'hui vient uniquement du départ des tout petits propriétaires, des journaliers possédant moins de dix hectares, des familles de domestiques : toutes ces familles ont émigré ou n'ont pas été continuées, elles n'ont pas été remplacées, et c'est là, la raison profonde de la dépopulation. Il faut bien avouer que le sort de ces familles là où il en existe est lamentable : privées des moyens modernes d'exploitation, parce qu'elles n'ont pas de quoi acheter des machines et que d'ailleurs elles n'en ont pas l'emploi, elles exploitent leurs terres à la manière ancienne avec la pioche ou la pelle, la faux et la faucille ; sans engrais chimiques, leurs terres sont d'un maigre rapport. Elles se tuent à travailler chez elles et chez les autres. Aussi au Clapier, ces familles ont vendu leurs terres ou les ont abandonnées, et sont allées chercher ailleurs, dans un pays plus agréable, un salaire plus considérable pour un effort bien moins pénible. Les gros propriétaires ont absorbé la plupart des ces biens ; c'est donc encore une nécessité d'ordre économique qui, après les cadets et cadettes des propriétaires, gros et moyens, a chassé les plus petits.

Chez les jeunes gens, on entend assez peu invoquer les raisons des conférenciers venus de la ville ; quant à la formation donnée par les instituteurs, elle est à peu près nulle. Sans doute, un instituteur peut remarquer l'intelligence d'un enfant et conseiller aux parents de le diriger vers les postes ou l'enseignement, mais le défaut d'instruction n'empêchera pas le camarade de ce dernier de demander à vingt ans un emploi dans la voirie, les chemins de fer ou la gendarmerie. Le cas suivant s'est présenté : deux jeunes gens, ou du moins l'un deux, a été rejeté de la campagne par sa propre famille, les vieux n'ont pas voulu lui faire présentement une situation indépendante, il a alors lâché un avenir assuré quoique lointain, pour s'installer tout de suite à son compte, ici la cause serait due à l'égoïsme des parents.

Mais, chez les jeunes filles, la vie du fonctionnaire exerce une grande attraction : se lever avant le jour, se coucher épuisée, tard dans la nuit, passer sa vie sous les ordres d'un maître toujours dur et parfois ingrat, entre les cochons et la marmaille, la confiture et la lessive, tout cela n'a rien d'attrayant, mais, sans doute, pour beaucoup de raisons, dont l'éducation profondément chrétienne est la principale, il se trouvera toujours assez de jeunes filles pour épouser des paysans. Plusieurs même, comme leurs aînées, devront rester de vieilles filles.

La difficulté de trouver une épouse, évoquée par tel conférencier parisien pour expliquer la dépopulation, n'est pas au Clapier une difficulté insurmontable.

En ce qui concerne les ouvriers agricoles, la situation est plus complexe : laissons de côté les causes morales, difficilement contrôlables et sources d'idées préconçues. Au seul point de vue matériel, quelqu'un un peu averti ne soutiendra jamais la comparaison entre la vie du fonctionnaire ou de l'employé et celle autrement dure et pénible de l'ouvrier agricole? D'ailleurs, l'expérience prouve que, si tout ouvrier agricole est apte à remplir une fonction publique en rapport avec ses aptitudes, la profession d'ouvrier agricole exige un long apprentissage, dont personne ne saurait se dispenser ; chez le fonctionnaire, c'est la sécurité dans l'emploi, le salaire suffisant et parfois abondant (instituteurs) ; des avantages de tout ordre : syndicats, coopératives d'alimentation ou d'habillement, voyages à prix réduits, médecins, médicaments, écoles, souvent logement, le tout à peu près gratuit. Le fonctionnaire ne travaille pas plus de huit heures, fait la semaine anglaise, profite des jours fériés, jouit de son congé payé et d'autres avantages de même genre. Le fonctionnaire a ses vieux jours assurés par une retraite. Le fonctionnaire obéit à un maître plus humain et plus limité dans ses exigences ; le mot dépasse à peine notre pensée ; et surtout, le fonctionnaire vit toute sa vie la vie de famille.

A tout cela, que peut opposer le paysan ? Exactement le contraire.

Retenons, seulement un point de comparaison : le fonctionnaire vit avec sa famille et passe avec elle les deux tiers de sa journée, l'esprit de famille est toujours très développé chez les fonctionnaires d'origine paysanne. Chez l'ouvrier agricole, au contraire, le mari, pendant toute la longueur du jour, travaille, prend ses repas chez celui qui l'emploie, il peut être loué à 5, 10 kilomètres de son foyer, quelquefois davantage ; il n'y apparaît alors qu'une fois par quinzaine ou par mois ; le mari vit de son côté, la femme et les enfants de l'autre ; peut-on appeler cela le mariage ? Un ouvrier agricole n'est tel que par nécessité et non par choix. Jamais il ne lui viendra à l'idée que son sort est préférable à celui du fonctionnaire ; aussi, dès qu'il le pourra, il abandonnera la terre trop pénible et un maître plus attentif au rendement que soigneux de ses ouvriers ; pourrait-on lui donner tort ?

Ce n'est pas, à proprement parler, une nécessité d'ordre économique comme précédemment, qui fait partir l'ouvrier agricole, c'est son intérêt ; on connaît les théories des moralistes : c'est l'idée qui mène le monde, dit l'un ; c'est la passion ou le sentiment, assure le second ; c'est l'intérêt, affirme le troisième. La vérité est sans doute plus complexe, aussi complexe que les replis d'une conscience et les trois thèses doivent se combiner ; cependant, pour l'ouvrier agricole, la raison dominante c'est l'intérêt.

C'est aussi l'intérêt qui fait que les artisans ne sont plus remplacés : les métiers deviennent ingrats et peu rémunérateurs, la concentration des efforts et le rendement intense exigés par le coût de la vie, se trouvent difficilement réunis à la campagne où le travail de l'artisan est fatalement dispersé à travers les exploitations. Un autre inconvénient, c'est l'inégale répartition du travail entre les diverses époques de l'année, qui provoque tour à tour le surmenage et le chômage. Enfin, la vente des pièces détachées par l'industrie ou le commerce, si elle rend de très grands services à l'agriculture, annihile la profession de l'artisan.

' Cornus, chef-lieu de canton, est resté deux ans sans menuisier ; la situation est semblable dans tous les villages ; comme a fini le forgeron, comme finit le menuisier de 70 ans, ainsi finira le tailleur d'habit que je vois à la poursuite des clients, le dimanche, à travers les villages et les hameaux. Tel le soldat, il porte sur son dos, l'ouvrage de la semaine et recueille sur un carnet quelques commandes. Quel jeune homme aurait intérêt à partager son sort de juif errant ?

La décadence des petits commerçants est trop apparente pour s'y arrêter. La ville vend à meilleur compte et le paysan sort souvent ; le colporteur a disparu, mais la camionnette vient maintenant porter ses produits dans la cour de la ferme ; les petits commerçants ne peuvent soutenir la concurrence ; pour vendre bon marché, il faut vendre beaucoup. Cette condition est irréalisable dans nos petits villages. Donc la nécessité et l'intérêt jouent le principal rôle dans la dépopulation des campagnes.

A vrai dire, d'autres facteurs ont un rôle aussi important quoique plus effacé : ils sont d'ordre psychologique.

L'âme du paysan est formée, en effet, de trois éléments : une morale figée dans les proverbes, une tradition verbale et des croyances.

Nombreux sont les *proverbes* concernant le temps dans ses rapports avec l'agriculture (1), mais la plupart sont des préceptes

---

(1). Roujeyrolo del sero beltens espero.
Roujeyrolo del mati, pluejo pel cami.

Quand le ciel roujoie le soir, le beau temps est proche.
S'il roujoie le matin, la pluie est en chemin.

d'économie rurale (1) ; ils indiquent la bonne rotation des cultures (2), la distribution raisonnée des provisions (3), l'importance d'un bon berger (4), la nécessité du troupeau (5) ; ils enseignent (6) le mépris des chasseurs de profession, des pêcheurs,

---

Bal mai sasou que fumado.

> Il vaut mieux que la terre soit bien préparée par le temps, que bien fumée.

De la flour al gro cranto jours y o.

> De la fleur au grain on compte 40 jours.

(1) Bouno boyro, missant fermier appauris l'heritier.
Missanto boyro, boun fermier, enrichis l'heritier.

> Beau domaine, mauvais fermier : l'héritier se ruine.
> Mauvais domaine, bon fermier : l'héritier s'enrichit.

(2) Se bos de blat, fas de prat.

> Si tu veux du blé, fais des prés.

(3) Per nostro Damo de febrier : miech palier, miech gronier et lou bacou entier.

> A Notre-Dame de février : mi-palier, mi-grenier et le jambon entier.

Tant bal lou pastre, tant bal lou troupel.

> Tant vaut le berger, tant vaut le troupeau.

(4) Bal mai douna al pastre sols que deniers.

> Il vaut mieux donner au berger sous que deniers.

(5) Que se tirou del moutou, se tiro de la rasou.

> Qui se tire du mouton perd la raison.

Be sen bestial, campana sen batal.

> Bien sans troupeau, cloche sans battant.

(6) Cossaire de cardounillo et pescaire à la ligno
nou jamais croumpat ni camp ni bigno.

> Chasseurs de chardonnerets, pêcheurs à la ligne,
> N'ont jamais acheté ni champ ni vigne.

Pescaire, jouaire, plajaire et toutes lous mesties en aire, balou pas gaire,

> Pécheur, joueur, plaideur et tous les métiers en « r » ne valent pas cher.

7 pescaires, 7 jouaires, 7 cossaires ; bint et un guses.

> 7 pécheurs, 7 joueurs, 7 chasseurs : 21 gueux.

des joueurs, des coureurs de foire ; ils soulignent la nécessité du travail quotidien (1) et louent la noblesse de l'ouvrier (2), surtout quand il est habile (3) et intelligent (4) ; c'est par le travail acharné et sa sœur, l'économie (5) que l'on crée un « oustal » solide.

Le paysan doit se lever matin, faire la charité, prier Dieu (6) ;

-----

(1) Mati en fieyro, tard en guerro.
.Matin en foire, tard en guerre.

Jamai dema noûs rendra richo.
Jamais demain ne nous rendra riche.

Semeno quand pourras : quand lous autros segoros tu segaras.
Sème quand tu pourras : quand les autres moissonneront, tu feras de même.

(2) Es pas lou mesties que deshounouro l'oubrié, es l'oubrié que deshonouro lou mestié.
Ce n'est pas le métier qui déshonore l'ouvrier, c'est l'ouvrier qui déshonore le métier.

(3) Las lebros s'attrapou pas ame lou tambour.
Les lièvres ne s'attrapent pas avec le tambour.

Lou qu'o de biais s'en serbis ; lou que no pas ne patis.
Celui qui a du biais s'en sert ; celui qui n'en a pas en pâtit.

(4) Jean de Nibello : quand plou fournello, quand fo bel tens : s'estens.
Jean de Nivelle fait des « fours » quand il pleut ; il se repose quand il fait beau.

(5) Boues bert et pas cal detruisou l'oustal,
La farino muolto et lou pas dur tennou l'oustal segur.
Bois vert et pain chaud détruisent la maison.
La farine mêlée et le pain dur la rendent forte.

Doumai faras de fraisses, dou mai ne pagaras.
Plus tu feras des frais, plus tu en payeras.

(6) Leba mati noun biellis pas ; douna als pauros apauris pas ; prega dius destourno pas.
Se lever matin ne vieillit pas ; donner aux pauvres n'appauvrit pas ; prier Dieu ne détourne pas.

il doit fuir la tentation (1) pour éviter les sept péchés capitaux :
l'envie (2), l'ivrognerie (3), la médisance (4) et surtout l'orgueil,
le plus laid de tous (5).

Puis viennent toutes lesplaisanteries accoutumées sur le malheur
des pères qui ont des filles : les jeunes gens payent à boire aux
futurs beaux-pères dans l'espoir de caresser les filles (6), c'est le
plus clair de ce qu'elles rapportent ; elles coûtent cher à élever,
difficiles à gouverner (7), difficiles à surveiller (8), difficiles à

----

(1) Villo que parlomento et fillo qu'escouto sou leu presos.
   Ville qui parlemente et fille qui écoute sont bientôt prises.

(2) Que bol pas sello, diu li douno bast.
   A celui qui ne veut pas de selle, Dieu donne un bât.

(3) Lou bi es bou per barlets et noun pas pel mestro.
   L'ivrognerie est bonne pour le valet, non pour le maître.

(4) Tel ris de soun besi, qu'o la siuno pel cami.
   Tel rit de son voisin qui a la sienne en chemin.

(5) Lou tàm tam gasto la campana.
   Le tam-tam use la cloche.

Sap pas oun penja soun lun.
   Qui ne sait pas où pendre sa lumière.

Quand lou budel es gras, languis de s'espalla.
   Le veau gras languit de s'étendre.

Bestial menditch lou pial li lusis.
   Bête maudite a le poil luisant.

(6) Que o de fillos o de bignos. — Qui a des filles à des vignes.

(7) Uno fillo brabo fillo   Une fille brave fille,
   dos fillos prou de fillos,   2 filles assez de filles,
   très fillos trop de fillos,   3 filles trop de filles,
   quatros fillos et la maire,   4 filles et la mère,
   cinq diaples countré lou paire. 5 diables contre le père.

(8) Cal garda los fillos coumo lou latch sulfioc.
   Il faut garder les filles comme le lait sur le feu.

Fillos a marida missant troupel a garda.
   Filles à marier, mauvais troupeau à garder.

marier (1), surtout sans dot (2).

Parfois on voit apparaître la défiance toute chrétienne de la femme (3), mais l'idée païenne domine : la femme est un être inférieur, incapable (4), indocíle (5), laissant après sa mort peu de regrets (6). Aussi « l'homme bien marié, ne sait pas ce que Dieu lui a donné ».

La morale populaire s'applique aussi aux actes de la vie quotidienne.

Elle prône l'heureuse médiocrité (7), l'utilité des amis en place (8);

---

(1) A 18 ons, las fillos prenou los que bouolou,
   à 24 s'accommodou,
   à 30 prenou ce que trapou.

   A 18 ans, les filles prennent qui leur plaît ;
   à 24, elles s'accommodent ;
   à 30, elles prennent ce qu'elles trouvent.

(2) Que o pas de ramillo que gardo sa fillo.

   Que celui qui n'a pas de « ramée », garde sa fille.

(3) Bello fenno missanto festo.

   Belle femme, triste fête.

Poulido miolo, falso bestio.

   Belle mule, mauvaise bête.

(4) Jomai oustal o pas pus anat,
ou las fennos ou goubernat.

   Jamais une maison n'a bien allé,
   où les femmes ont gouverné.

(5) Que fenno et saumo meno,
se trapo pas sen peno.

   Celui qui mène une femme et une ânesse,
   N'est pas sans peine.

(6) Doulou de fenno muorto duro jusqu'os à la puorto.

   Douleur de femme morte dure jusqu'à la porte.

(7) Que demouro jous soun coubert,
Se re noun gagno re noun pert.

   Qui ne risque rien n'a rien.

(8) Bal mai amic en plaço, qu'argent en bourso.

   Il vaut mieux ami en place qu'argent en bourse.

raille la générosité des donneurs de conseils (1) ; blâme le partage d'ascendants (2); l'affection intéressée des neveux pour les oncles à héritage (3) ; l'entêtement inutile contre le sort (4).

Elle souligne les inconvénients du voisinage (5) ; gémit sur la rareté des amis véritables (6) ; sur l'ingratitude humaine (7) et, en particulier, celle des enfants (8) ; elle plaint les enfants confiés au soin d'une étrangère (9) ; conseille la prudence dans les

---

(1) Cent persounos, cent counsels ; caouso fatcho, consel pres.
   Cent personnes, cent conseils ; chose faite, conseil pris.

Tal douno lous counsels que douno pas las adujos.
   Tel donne des conseils qui plaint la peine de vous aider.

(2) Quant lou paire douno à l'éfan : ris l'efan, ris lou paire.
   Quant l'efan douno al paire : plouro l'efan, plouro lou paire.
   Quand le père donne à l'enfant : l'enfant rit, le père rit ;
   Quand l'enfant donne au père : l'enfant pleure, le père pleure.

(3) Nebouts neboudos : loups et loubos.
   Neveux et nièces : loups et louves.

(4) Cal prene lou temps coumo ben ; lou gens coumo sous.
   Il faut prendre le temps tel qu'il est et les gens aussi.

Cal pas jamai bouta countra soun ventre.
   Il ne faut jamais voter contre son ventre.

(5) Paouro segnou, missant besi,
   Pauvre seigneur, mauvais voisin.

   En boun pays, missant cami.
   En bon pays, mauvais chemin.

(6) Lous amics sou coumo lous melous,
Forço missants et pauc de bous.
   Les amis sont comme les melous,
   Beaucoup de mauvais et peu de bons.

(7) Quant l'arbro es toumbat, tout li couris a las brancos.
   Quand l'arbre est tombé, tout lui court aux branches.

(8) Un paire nouririo cent efons, cent efons nouririou pas un paire.
   Un père nourrirait cent enfants qui ne nourriraient pas un père.

(9) Fo mal fisa cabrit a cabro quo pas nourrit.
   Il fait mal confier chevreau à chèvre qui n'a pas nourri.

rapports avec les jeunes gens (1), surtout envers ceux qui paraissent bon garçon (2) ; la méfiance à l'égard des gens instruits (3) et surtout envers les gens de loi (4).

Enfin, elle explique l'inégalité des conditions (5) ; aux ménages qui s'établissent et veulent prospérer ; elle recommande de n'acheter jamais des biens d'église, ce qui porte malheur, comme chacun sait (6).

Les divers proverbes qui précèdent font connaître suffisamment le caractère du paysan (7).

---

(1). Joubes aboucats : proucesses perduts.
Joubes medecis : cemeteris boussuts.

Jeunes avocats, procès perdus.
Jeunes médecins, cimetières bossus.

(2) Amic de cadun, amic de degus.

Ami de chacun, ami de personne.

(3) D'un houmo qu'o appres lou lati
et d'uno mulo que fo I mefiso ti.

D'un homme qui a étudié le latin,
Et d'une mule qui fait « hi », méfie-toi !

(4) Papié marquat marquo pas amistat.

Papier timbré n'est pas synonyme d'amitié.

(5) Fenno fenestrieiro, camp sur ribieiro bigno sur cami,
ou toujoun fatch missanto fi.

Femme à la fenêtre, champ sur rivière, vigne sur chemin.
Ont toujours eu une triste fin.

(6) Pa fresquo, prou fillos, boues bert : menou l'oustal al desert.

Pain frais, pas mal de filles, bois vert, conduisent un foyer à la ruine.

Il faudrait citer aussi les proverbes qui indiquent la supériorité de tout ce qui est imprimé : quant papies parlou, barbos taisou » ; les dernières recommandations faites à l'émigrant « lou boun pays fo l'houomo paressous », l'invitation à rester chacun à sa place « lou pastre a l'estaple, lou curat a la gleiso ».D'autres raillent les négociants de Roquefort « *La paix en France, la guerre, à Roquefort* », etc., etc...

(7) « Il a l'avantage de ses vices, les qualités de ses défauts ; il est sobre, charitable, fidèle à l'amitié comme à la haine... Cette opiniâtreté explique le besoin de plaider, non pour l'amour de la chicane, mais pour la fierté de ne pas céder... Jamais inattentif, quand il écoute, jamais distrait quand il réfléchit, jamais sans un but quand il agit, apte à arriver à tout parce que doué de force de volonté et de patience dans l'exécution... on le trouve avec sa rudesse, son âpreté, mais aussi avec son bon sens et sa finesse. » Arch. départ. Aveyron.

Difficile d'accès comme son pays, renfermé, peu communicatif, sobre de gestes et de propos, d'apparence maussade et timide, il devient bientôt, pour celui qui lui parle familièrement des gens et des choses de son terroir, un compagnon ouvert, accueillant et surtout très hospitalier. Dur au travail, âpre au gain, foncièrement honnête à la parole donnée, ce qui n'exclut pas toutefois l'esprit de maquignonnage, il méprise l'esprit d'association, estimant qu'on n'est jamais mieux servi que par soi-même.

Mais les luttes agraires du siècle dernier ont modifié profondément ce caractère ancestral. La haine féroce du paysan pour tout ce qui touche le régime forestier de près ou de. loin, date du temps où la puissance publique, qu'elle soit laïque ou religieuse, voulait protéger les bois communaux contre les prolétaires affamés.

Dans presque toutes les communes (1), on vote « rouge » comme jadis, mais ce n'est plus qu'un vote de principe et de tradition, car les prolétaires qui exigeaient jadis le partage des communaux sont maintenant des paysans cossus. Aussi, avancés avec l'instituteur, ils sont volontiers réactionnaires chez le curé. En définitive, « pourvu que les récoltes soient bonnes et que la vente des produits se fasse bien, le reste leur importe peu » (2) (3).

---

(1) Sauf dans deux ou trois paroisses où l'influence de quelques familles a changé l'esprit de la population.

(2) Archives Départementales de l'Aveyron, *Sauclières*, 1906.

(3) On s'en rend compte en observant l'enthousiasme successif qui accueillit les divers régimes depuis 89.
Cet état d'esprit se manifeste souvent sous une forme collective assez curieuse : c'est ainsi que les habitants de La Couvertoirade, las d'attendre la réalisation des promesses de l'Intendant, lui envoient jusqu'à Montauban « Ung quintal fromage de Roquefort » pour lui rafraîchir les idées. A la Révolution, les habitants de Roquefort brûlent avec enthousiasme les privilèges des étrangers sur la commune, mais les titres assurant la franchise de la commune sont mis en lieu sûr précieusement. Au moment de l'établissement dn chemins de fer, la plupart des communes votent généreusement 50 francs pour que la voie passe sur leur territoire, etc...

La *tradition* se manifeste par la persistance de la coutume, à peine ébréchée par le code civil.

On se soumet encore à la coutume romaine pour tout ce qui concerne l'usage des eaux courantes, la distance pour la plantation des arbres au bord de l'héritage, la distance des ouvrages intermédiaires, celle observée pour la plantation de haies vives, la réglementation du glanage, le mode de jouissance des communaux ; l'emploi de la romaine pour peser, avec l'usage à peine disparu, de l'once, du quart, du gros et du grain; mais c'est surtout l'usage du régime dotal, en honneur dans toutes les familles : le pater familias abandonnant volontiers sa fille, à condition de savoir la dot en sécurité(1) (2).

Le droit successoral a conservé quelque chose des institutions de l'ancienne France : l'aîné reste à la maison, soigne les vieux parents et obtient le quart de l'héritage, moins en récompense de ses bons offices que pour préserver l'intégrité du domaine.

Il est curieux d'observer la persistance de certaines redevances féodales, devenues au cours des siècles des locatairies perpétuelles, que certains fonds paient encore au successeur de l'ancien seigneur ; tel ce hameau qui paie chaque année au bourgeois de l'endroit « 54 doubles d'avoine, belle et marchande, représentant 72 cartes de l'ancienne mesure de Saint-Jean-du-Bruel portable au domicile le 22 septembre de chaque année », laquelle rente est servie aujourd'hui encore « solidairement et dans des proportions diverses par les représentants ou successeurs légitimes des débiteurs primitifs » (3).

La tradition s'observe aussi dans le langage spécial devenu

---

(1) Si le propriétaire de la ruche poursuit l'essaim vagabond en tapant à tour de bras sur une vieille casserole : c'est, sans doute, en souvenir de la loi romaine donnant la propriété de l'essaim au propriétaire de la ruche tant qu'il la poursuit.

(2) Langage. Beaucoup de mots d'origine celtique : brias, fort ; garric, chêne ; rec, ruisseau, etc..., d'autres ont une origine arabe : bengouzal, bedasos, etc..., mais la plupart viennent du latin : camp de l'ordeil (orge), camp musello (micellus pauvre), condomine, etc... On dit aussi « *de* cal sios » et non « cal sios », ce qui évoque aussitôt la patria potestas.

(3) *Etude Gabalda*, Alzon, Gard, 17-12-1886.

incompréhensible, usité à l'égard des animaux (1) ; d'un village à l'autre, le gens s'injurient et ces injures définissent en trois mots mieux que de longs rapports le caractère des indigènes (2), la physionomie physique du pays (3) et l'état économique général (4).

De père en fils on emploie les mêmes remèdes : la tisane de chiendent qui est émoliente et diurétique ; le sureau qui est sudorifique ; toutes les herbes de la Saint-Jean infusées dans l'huile sont excellentes pour les plaies ; l'éclaire ou blanquette corrode les verrues, nettoie les taches de la cornée, chasse la jaunisse ; le miel est adoucissant et laxatif, on le parfume avec l'extrait de roses ; associé au vinaigre blanc, il forme l'oxymel dont on se seft pour faciliter l'expectoration dans les catarrhes ; le chardon pilé préserve les plaies contre l'infection ; parfois les bêtes sont malades du charbon, alors on cautérise les plaies, puis on les recouvre avec des feuilles de noyer ; l'huile de cade (genevrier) est employée contre la gale ; pour faire mûrir les furoncles, on leur met des emplâtres de suie, etc... (5).

Dans la plupart des fermes, on emploie la tisane de péau de serpent contre les maux de ventre de toute nature ; dans tous les villages, quelque famille garde précieusement un « secret » souverain, tantôt contre les brûlures, tantôt contre toutes les affections du bétail. Dans chaque génération, l'aîné des garçons a seul le droit de le connaître et de s'en servir.

---

(1) Pour écarter le loup, on crie « Souyrasse » et « tiré » aux chiens ; pour appeler, on crie « gourri... gourri » aux poussins ; « botto » aux chèvres ; « mino » aux chats, « menido » aux petits cochons, etc.

(2) Les chasseurs du Mas de Coulon, les plaideurs du Clapier, les ivrognes de Tournemire, etc...

(3) Les « bourdelo rouocs » de la Pascalerie, les « lobognosses » de Caussanus, les « sauto rouocs » de la Bastide. Un proverbe dit aussi « se bos faïre ta fenno saumeto, à la Bastido la meto. »

(4) Les « manjos castognos » de Saint-Juery, les affamés du Mas de Coulon, etc...

Manjo cabros al Bialaret.

(5) La toile d'araignée arrête les caillots de sang mieux que toutes les drogues des pharmaciens ; la graisse de blaireau guérit les rhumatismes, quand le médecin a déclaré que le malade était perdu, vite on lui met des pigeons sur la tête ou des emplâtres d'escargots à la plante des pieds, etc., etc...

Les rebouteux utilisent en grand toutes ces pratiques et leur réputation a tôt fait de s'étendre aux extrêmes limites de la province.

Les grand'mères racontent aux enfants les légendes qui courent autour des châteaux maudits et des vieilles pierres. Les vieilles gens assurent que les abeilles font partie de la maison au même titre que les maîtres, aussi faut-il voiler les ruches quand le maître meurt, sinon elles périssent dans l'année ; si on les achète à prix d'argent, elles ne réussissent point.

En dehors des pratiques religieuses pour lesquelles le paysan le plus sectaire conserve un profond respect, certains *usages pieux* restent en honneur ; pour détourner l'orage, on allume un cierge bénit et le carillonneur sonne à toute volée; chaque année, à la Pentecôte, on jette dans les champs et les étables quelques gouttes d'eau bénite, afin que Dieu fasse prospérer les biens de la terre (1) ; enfin, telle a été l'influence du christianisme, qu'il s'est incorporé certains usages païens : telles ces deux pièces d'or et d'argent que le prêtre bénit le jour du mariage, symbole de l'antique achat de la femme par le mari (2) ; les lieux de pèlerinage situés soit sur les sommets, comme Saint-Alban, ou Saint-Guiral, soit dans la forêt, comme la Salvage, sont fréquentés plus que jamais.

---

(1) On pratique encore, dans certaines paroisses, l'usage très onéreux des « pains de charité » : quand un membre de la famille meurt, il faut distribuer un pain dit de charité à tous ceux qui viennent aux offices et par extension, à tous les voisins. Ex. : Saint-Beaulize.

(2) C'est probablement à la configuration générale du pays que l'on doit les « curieux repas des funérailles » : les membres de la famille venus parfois de très loin, se mettent à table en sanglotant et mangent de bon appétit ; sous l'influence du vin et de la bonne chère, le repas se termine dans une gaieté générale qui cadre mal avec l'objet de la cérémonie.

A la Couvertoirade, les propriétaires font passer le troupeau sur les cendres du feu de la Saint-Jean pour le préserver du piétin, tandis que les femmes s'arrachent les tisons pour protéger le jardin contre les chenilles.

Plus générale et plus sensée est la croyance aux effets de la lune ; tout bon cultivateur doit en suivre les évolutions ; le passage des comètes indique la venue prochaine d'une guerre, etc.

Là, le 2 juillet de cette année, aux premières heures du jour, 50 paysans à cheval attendent leur évêque ; celui-ci monte dans une carriole et pendant une heure le cortège chemine ainsi sous les noisetiers sans autre rencontre que des groupes de pèlerins qui attendent à genoux la bénédiction épiscopale. Puis, c'est la messe en plein air sous le feuillage et les guirlandes ; et là, la foule, qui a la foi du charbonnier, chante à pleine voix dans sa savoureuse langue locale, ces cantiques tristes et ingénus où semble condensée la légende des siècles, tandis que les Chevaliers de Saint-Jean de Jérusalem, armés de la lance et du bouclier, vêtus du manteau blanc barré d'une croix rouge, promènent sur la multitude le regard lointain des conquérants.

Bercés un instant par la parole de leur pasteur, les esprits évoquent ces longues années de travail sans espérance, ou la prière du soir met seule un peu de réconfort ; puis, toutes les traditions faites des joies et des souffrances de la famille, à flots tumultueux reviennent à la mémoire : ce sont les jours mauvais de la terreur où tel aïeul risquait journellement sa vie pour venir en aide aux réfractaires ; ces religieux partis joyeusement sous d'autres cieux annoncer la Bonne Nouvelle et que jamais l'on n'a revu ; c'est le sacrifice volontaire de tant d'oncles et de « tatas » pour éviter le morcellement du domaine et élever les petits neveux ; plus près de nous, enfin, c'est la guerre, cette terrible... .

> ....guerre
> amenant tant de gais conscrits,
> dont, hélas ! il ne revint guère
> longtemps après, que les débris (1).

Et soudain, dans l'immense nef dont les arbres forment les piliers et dont la voûte touche aux cieux, voici que se pressent maintenant comme un monument de piété, de gloire et d'espé-

---

(1) F. Fabié : *Voix rustiques.*

rance, « de ce même pas large et sûr, dont ils conduisaient jadis les bœufs au pâturage », tous ceux qui sont issus des fortes races du Rouergue : les gens des mas et des hameaux, ceux des Causses, ceux des Vallons ; tous ceux qui ont disparu ; tous ceux qui sont à naître : des hommes d'Église et de Gouvernement, des Paysans et des Soldats, des Missionnaires et des Colons. Les larmes roulent et grésillent sur la flamme des cierges : la Cathédrale, c'est le monde ; les fidèles sont l'Humanité, on se meut en Dieu (1).

Voilà ce que ressent confusément l'âme du paysan, tandis que les bergers, au loin, écoutent en se signant, l'hymne qui monte de la forêt.

Telle est l'âme du paysan : elle est *héréditaire*, elle est *traditionnaliste* ; elle est *mystique* : or, nous n'avons que des doctrines *matérialistes*.

Ce sont toutes les contingences de la vie rurale : le journal apportant, chaque jour, au paysan, la nourriture intellectuelle du prolétaire urbain ; le relâchement de l'honnêteté générale, l'abus du maquignonnage, la suppression des distances et surtout la profonde misère des curés de campagne qui porte atteinte à leur prestige.

Enfin, on oublie trop souvent que l'enfant est un apprenti paysan. L'école lui fait perdre sa vocation ; on n'y enseigne pas la notion morale de l'héritage ; l'instituteur punit l'emploi de la langue agricole ; l'écolier qui a appris des mots savants en agriculture, méprise son père qui les ignore ; en un mot, l'enseignement est organisé de telle sorte qu'une récompense à propos d'un bon devoir agricole se traduit aussitôt par l'aspiration à des fonctions nouvelles ; les parents entretiennent

---

(1) Fondez la propriété sur le droit du travail, l'homme pourra s'en dessaisir, fondez-la sur la religion, il ne le pourra plus : le champ n'est pas la propriété d'un homme, mais d'une famille, l'individu ne l'a qu'en dépôt ; elle appartient à ceux qui sont morts, à ceux qui sont à naître, elle fait corps avec la famille ». Fustel de Coulanges : *La Cité antique.*

cet état d'esprit et se croiraient déshonorés de faire de leur fils un paysan (1).

A cette absence complète de programmes, s'ajoute l'esprit franchement nocif d'un trop grand nombre d'instituteurs ; sans doute, beaucoup sont loin d'espérer comme celui-là « que d'ici 20 à 30 ans, tout esprit clérical aura disparu de la commune » (2), mais pourtant il s'en est trouvé pour estimer que " si à un certain point de vue, on doit regretter le départ des jeunes gens, au point de vue politique, on doit s'en féliciter : car nos jeunes gens en allant dans les villes éloignées verront bientôt combien leurs pères sont arriérés ; je sais bien que la vieille génération s'enfermera dans ses préjugés comme dans une forteresse ; mais je sais aussi que grâce à l'infiltration lente mais incessante, grâce à la poussée irrésistible du progrès, les idées rétrogrades verront peu à peu diminuer le nombre de leurs adhérents, tandis que les idées nouvelles s'implanteront dans notre village » (3).

Ainsi, ce ne sont pas seulement les programmes scolaires qu'il faudrait changer, mais les « primaires » qui les appliquent (4).

5. — Perspectives d'avenir.

Sans doute, le mouvement d'émigration s'est un peu ralenti, mais uniquement parce que tous ceux qui pouvaient partir ont déjà quitté le pays.

---

(1) « Il arrivait que les diplômes fussent des garanties de malheur et des recommandations à la détresse. On élevait des futurs pauvres à des connaissances de pur luxe. On leur faisait sentir durement que les éléments les plus conscients d'une société en sont aussi les plus négligeables. » Paul Valéry : *Discours de réception à l'Académie.*

(2) Archives Départementales de l'Aveyron : *Enquête*, 1906, *La Couvertoirade.*

(3) Archives Départementales de l'Aveyron : *Enquête*, 1906, *La Panouse.*

(4) Restant entendu, d'ailleurs, que les maîtres d'école, dignes de ce nom sont hors de cause ici.

La dépopulation continuera, parce que la classe moyenne des paysans est destinée à disparaître, broyée dans l'engrenage des lois successorales. Jadis il se trouvait toujours quelques frères ou sœurs qui, pour sauver le domaine, sacrifiait son avenir et son indépendance : cette catégorie sociale n'est plus qu'un souvenir : aujourd'hui, les champs passent rapidement à des voisins, tandis que l'on se partage les diverses pièces de la maison, faute de trouver preneur. Sans doute, il y a des lois sur le bien de famille — on apprend cela dans les livres — mais les personnes chargées de veiller à leur exécution ne peuvent en citer un seul exemple. Mais alors qu'autrefois ces mêmes lois successorales assuraient une répartition également injuste de la richesse terrienne en frappant à son tour le dernier acquéreur, celui-ci trouve maintenant le moyen de s'en affranchir grâce à la fortune mobilière acquise depuis trente ans.

Aussi demande-t-on de tous côtés, sans conviction d'ailleurs, des lois d'ordre public qui, élargissant le crédit agricole, donneraient au père la libre disposition de son patrimoine, tandis que d'autres lois interdiraient énergiquement le cumul des petites propriétés et l'extension des grands domaines.

La dépopulation continuera, parce que nos villages sont peuplés de vieillards et non de jeunes gens, et quand les vieux seront partis, la population baissera encore non parce qu'il ne naît pas assez d'enfants de chaque mariage, mais parce que tous les ménages jeunes vont chercher ailleurs la terre promise (1).

Les enfants sont-ils moins nombreux qu'autrefois? Il est difficile de se prononcer, car le bouleversement social a été trop profond : on constate toutefois que si la loi a voulu supprimer les aînés, la bourgeoisie les a rétablis en supprimant les cadets

______

(1) A la Bastide-des-Fonts, en 5 ans, sur douze nouveaux ménages, un seul est resté ; à la Couvertoirade, en 4 ans, sur sept mariages, un seul est resté ; à l'Hospitalet, sur 13 jeunes gens du même âge, un seul est resté : aussi dans les écoles qui comptaient 40 élèves, il n'y en a plus que 20,

Après la guerre, il y eut quelques naissances supplémentaires en 1920. mais cela n'a pas duré.

car le paysan n'admet pas plus la division du bien que le seigneur le partage du fief (1).

Aussi personne ne croit guère aux remèdes contre l'exode rural. Le bien-être matériel — trop négligé — retiendrait sans doute quelques personnes surtout des ouvriers agricoles (2) dont le logement reste plus que défectueux, mais le progrès ne diminue pas les distances sociales : il les augmente en aiguisant les appêtits et créant de nouveaux besoins ; par définition, la ville sera toujours mieux à même de les satisfaire.

La notion morale de l'héritage et sa modification juridique éventuelle (3) — déjà sans objet dans le passé — risque d'être sans effet pour l'avenir : une population plus grande ne pourrait vivre à l'heure actuelle dans nos villages en admettant qu'elle veuille s'y loger ; d'ailleurs, les lois sont bien peu de chose sans les mœurs.

Quant à l'action purement agricole de l'Etat, on ne saurait en dire du mal ; dans ce canton déshérité, les comices agricoles représentent de loin en loin toute la mansuétude officielle ; et voici à quoi elle se réduit : les affiches annoncent trois prix pour les bœufs ; or, on en compte une seule paire sur le foiral ; deux prix pour les canards, et un seul couple au fond d'un panier ; deux prix pour les vaches, celle du cantonnier mugit d'ennui au bout de sa longe ; trois prix pour les cochons, mais pas de concurrents. En revanche, le sénateur, les députés, le préfet se disputent sur l'estrade la place la plus en vue ; à droite et à gauche le notaire et le médecin, tous deux rivaux politiques, envoient de la main aux électeurs de petits signes amicaux de protection ; la foule des conseillers municipaux siège sur les

____

(1) Aussi faudra-t-il arriver à laisser au père la libre disposition de son patrimoine ou donner à l'Etat une part par enfant légitime au-dessous de 4.

(2) Il est fréquent de voir des domestiques coucher dans des tombereaux garnis de paille, ou dans une casemate au coin de l'écurie. A la Fage, ferme modèle, tandis que le propriétaire montre au visiteur la pièce neuve qui servira de chambre au berger, le Polonais qui vient du village gravit une échelle pour atteindre son lit sous le plafond, et pend à un clou au-dessus des bœufs ses vêtements du dimanche.

(3) Cf. Perrochon : *La Parcelle*, 32.

marches du trône ; et tandis que les orateurs versent à flots, sur une place presque vide, la sollicitude gouvernementale à l'égard des cultivateurs, le paysan madré se demande, lui, s'il doit en rire ou en pleurer.

Quelques humbles curés de campagne, des observateurs riches et généreux, une institution formée de techniciens, d'origine paysanne, semblent avoir eu une vue plus exacte de la situation en procurant du travail industriel aux paysans inoccupés, comme jadis les fabriques de Lodève en donnaient aux premiers colons ; mais là, encore, les efforts sont restés limités aux bornes de la paroisse et à l'action personnelle des intéressés.

Quant aux terres incultes, la main d'œuvre à bon marché, c'est-à-dire la famille nombreuse, permettrait seule d'en tirer quelque profit.

6. — La situation économique.

Si, à 150 ans d'intervalle, M. de Richeprey pouvait reprendre sa tournée d'inspection, il serait, sans doute, désappointé et fort surpris : l'avoine rend à peine 10 pour un ; le blé 7 pour un au maximum ; la pomme de terre reste aléatoire et certaines années la récolte ne vaut pas le semence. La véritable caractéristique des 50 dernières années, c'est l'abandon complet des anciennes terres cultivées et la colonisation des terres à seigle autrefois improductives ; en même temps, toutes les cultures des pays pauvres (seigle, méteil, lentilles) ont été abandonnées ; c'est l'engrais (1) qui a opéré cette transformation. L'utilisation des fourrages artificiels dont il a décuplé le rendement, a changé totalement l'ancien mode d'assolement.

Aussi ne faut-il se fier qu'avec prudence aux statistiques offi-

----

(1) Les engrais employés sont surtout les superphosphates, les nitrates, a raison de 370 kilos à l'hectare.

cielles (1) ; on ne sème plus des céréales que pour changer l'assolement, en attendant d'y remettre plus tard des fourrages artificiels pour la nourriture des brebis laitières (2).

La brebis laitière est, en effet, la grande ressource du pays :
un troupeau de 100 brebis représente un capital qui, même avec
les aléas (mortalité, mévente) rapporte au paysan 25.000 francs,
bon an mal an, au bas mot. Si l'on ajoute à cette somme le produit de la laine, de l'agneau, des brebis vieilles, du fumier, la
vente d'un ou deux chevaux on arrive aisément à 30.000.

Cependant, tous les propriétaires de Saint-Michel — car il
s'agit de cette commune — ne possèdent pas 100 brebis laitières : la grosse ferme en a 3 ou 400 ; les propriétaires moyens
de 60 à 80 ; les plus pauvres, et ils sont rares, de 15 à 20. Quelques propriétaires vendent du blé ; si l'hiver est long, beaucoup
doivent acheter du fourrage, mais tous ont des provisions de
pommes de terre, de blé, de choux, d'orge pour la volaille ; ils
vendent les œufs et engraissent quelques porcelets dont deux
sont réservés à la consommation familiale, les deux autres devant
être vendus au marché de Clermont, le mercredi. Fait significatif : toutes les terres de la commune sont possédées par les
indigènes et le plus pauvre a certainement plus de 40.000 francs
d'argent.

La base de l'économie domestique est un peu différente
dans les communes où il y a des « Ségala ». Voici une petite
propriété de 25 hectares nourrissant une paire de bœufs et
55 brebis ; le personnel de la ferme comprend le mari, la femme,
le beau-père impotent et un berger.

---

(1) Archives Départementales de l'Hérault.
Archives Départementales de l'Aveyron. — Les statistiques sont très
nombreuses et très détaillées, mais impossibles à utiliser : la plupart des
chiffres sont fantaisistes, certains pourraient être exacts, par exemple,
l'étendue des propriétés, mais dans un pays à paturages ils n'ont aucune
valeur ; d'autres chiffres qui devraient rester immuables varient d'une
statistique à l'autre ; en additionnant les éléments de ceux qui devraient
varier, on retrouve le même total.
(2) Si le rendement des céréales n'a pas augmenté, la cause en est
due à la vente du fumier par les paysans.

Recettes :

Blé. ,.................	70	hectos	à 120 fr.	=	8.400
Avoine	40	—	à 50	=	2.000
Lait	55	—	à 220	=	12.000
Agneaux	450	kilos	à 6,80	=	3.060
Laine	120	—	à 9	=	1.080
Brebis vieilles ...	9		à 110	=	1.400

Total 29.030

Dépenses :

Berger	3.500
Engrais	900
Graines fourragères...........................	800
Pain	3.500
Vin	2.600
Entretien de la maison	2.000
Divers	1.000

Total 14.300

Le bénéfice net est donc de 14.730 francs (1).

Il ne faut donc pas parler de la misère du paysan : plus la ferme est grande, plus grands sont les bénéfices, car la machine supprime presque toute la main d'œuvre et un berger garde 150 brebis aussi facilement que 80. Enfin, certains, grâce à leurs nombreux enfants ont résolu complètement le problème de la main d'œuvre, ceux-là sont recherchés pour l'exploitation des grands domaines où, malgré de lourds fermages, ils peuvent encore faire des bénéfices, les achats de vin et de vêtements restant leurs seules dépenses.

---

(1) Ces chiffres sont ceux de 1927.

Aussi n'y a -t-il plus de pauvres dans la commune : les propriétaires qui restent vivent aisément.

Pourtant, si l'on considère la somme de travail fournie et d'autre part l'aisance anormale des cultivateurs du bas Languedoc, on ne doit pas conclure à la richesse du paysan : grâce à une économie intense (1) et de tous les instants, le grand'père et le père ont pu constituer une fortune solide, mais le fils, élevé à la ville, aura sans doute besoin de tous ses revenus pour y faire figure de petit bourgeois.

L'histoire des 50 dernières années a influé sur la physionomie extérieure du village.

Le château en reste toujours le centre : ce sont les restes d'une abbaye, les débris d'une forteresse, ou plus simplement une maison d'apparence cossue, occupée généralement par le fermier ; les fermes de moyenne importance sont éparpillées aux extrémités des deux petites rues formées par les maisons des prolétaires. Ce sont elles que l'on aperçoit, nombreuses, de la hauteur voisine, avec leurs toits crevés et les murs éboulés ; mais, à côté, d'autres maisons larges et spacieuses étalent le luxe insolent d'une toiture neuve. Si parfois on a conservé le lourd couvert de pierre grise, les murs sont crépis de frais et les volets refaits de neuf.

En bas, c'est toujours la même bergerie avec ses petites fenêtres grillagées et le porche sous l'escalier d'où monte sans arrêt, les jours de pluie, la chanson lente et monotone du hachoir qui tranche des buis sur un billot. L'escalier extérieur arrive au

---

(1) En 1927, le percepteur du Caylar a vendu à lui seul 1 million de bons de la défense. Du 1ᵉʳ janvier au 15 mars 1928, précisément à la morte saison pour les payements, il a vendu 400.000 francs de bons. Toujours en 1927, dans la commune de Saint-Michel, certaines personnes d'apparence plus que modeste, ont acheté d'un seul coup 70.000 francs d'action des charbonnages de Millau.

A Cornus, la même année, le percepteur a vendu 1.500.000 francs d'emprunts divers ; il faut tenir compte que les banques, la poste, le notaire, font aussi des placements.

Dans les diverses perceptions de Nant, Cornus, Le Caylar, aucune cote n'est irrecouvrée ; au Caylar, les rôles ont été expédiés, le 26 février 1928 et le 26 mars, 33.000 francs étaient déjà rentrés.

premier étage, un garde-fou en pierre grimpe le long des marches ; un petit auvent, au sommet, abrite la cuisinière qui va jeter des épluchures à la volaille.

Le plancher de la cuisine est encore formé de pavés de « frejal », dans les maisons pauvres, on les a placé là, sans les équarrir, tels qu'ils sont sortis de la carrière, et les joints sont garnis avec les éclats. La plaque du foyer est légèrement surélevée ; au-dessous, on met à sécher les fruits et les champignons, entre temps, la chatte grise va y nicher ; mais la flamme lèche maintenant une large plaque de fonte, parfois même une bouillote, et non la pierre dressée toute nue contre le mur ; la cheminée est large et spacieuse, non seulement à cause de la nature du combustible, mais parce qu'elle abrite maintenant une crémaillère dont le bras d'acier tournant autour d'un axe a besoin d'aise pour mouvoir les lourdes marmites au-dessus du feu.

Sur le manteau, on a accroché un crucifix avec quelques rameaux de buis ou de laurier bénit ; à l'extrémité inférieure court une étagère supportant tous les ingrédients de la cuisine ; au-dessous, on a attaché un rideau rouge qu'une jeune mariée sortit jadis tout flambant neuf de la hotte du colporteur.

L'utilisation intensive des cendres pour la lessive explique, à côté du feu, la présence de la cendrière : une fenêtre ogivale laisse passer la poignée des ustensiles qui y sont en dépôt, le *couvert* supérieur sert de potager, grâce à deux ouvertures grillées ; une planchette le long du mur sert de support pour les casseroles et de dressoir pour les fourchettes ; un petit coffre fait office de vaissellier.

Pour éviter les canalisations en plomb, on a creusé l'évier dans le mur : une simple tuile jette les eaux grasses en dehors ; l'évier lui-même est en renfoncement par rapport à une plate-forme intérieure : ainsi, la cuisinière, au lieu de soulever les seaux, se borne à les incliner.

Sur les étagères, les chaudrons au ventre énorme et reluisant attendent, impassibles, que la famille en fête vienne les descendre un jour d'hiver pour contenir les restes du cochon. Les pots de confiture, dont on a soigneusement découpé les couverts dans les parchemins de la famille, ont émigré vers l'armoire à linge de la chambre voisine ou du galetas ; les familles étant moins nombreuses et mieux logées, les lits n'envahissent plus la cuisine comme autrefois (1).

La table occupe le centre de la pièce : les plus récentes viennent de chez un marchand de meubles ; la plupart ont été taillées dans un tronc de chêne ou de noyer par l'artisan du village ; on trouve aussi l'antique « pastière » dont le couvert aux bords allongés fait office de table, tandis que le coffre même du pétrin, maintenant sans objet, est utilisé comme resserre à provision (2).

Les mets qui passent sur cette table sont exactement ceux d'avant-guerre : les quelques familles qui soignaient leur manger continuent ; les autres vivent frugalement, chichement parfois : on vit sur les produits du domaine, la viande de boucherie restant un plat inaccoutumé ; par contre, les hommes ont rapporté de la guerre et répandu autour d'eux l'usage du vin.

Quant aux vêtements, on recherche surtout la solidité et non l'élégance ou le confort (3).

Il n'y a donc pas eu de modifications sensibles dans l'intérieur du paysan, c'est du moins ce que pense le citadin en admirant le spectacle classique des jambons fraîchement pendus aux solives apparentes du plafond ; tandis que, de leurs masses charnues, des gouttelettes d'eau salée dégoulinent en taches blanchâtres sur le costume du visiteur.

Il faut chercher ailleurs la transformation.

---

(1) Sous l'influence bienfaisante du régiment, les rideaux autour des lits ont disparu complètement ; les jeunes s'en servent pour nettoyer les bicyclettes.

(2) Dans certaines maisons, on se plaint de l'humidité ; ce sont généralement les mieux construites et les plus anciennes : on a cherché à avoir l'eau à proximité de la cuisine pour éviter des pas inutiles; la pompe n'étant pas encore connue, il a fallu placer la citerne immédiatement au-dessous de la cuisine pour que la chaîne supportant le seau puisse y descendre directement.

(3) C'est seulement ces toutes dernières années que l'on a vu un jeune homme avec un pardessus ou un raglan.

Sur le portail on cloue encore une « cardouillo » dont les feuilles, en se baissant ou se relevant, indiquent la pluie ou le beau temps ; la vessie du cochon sert à la fois de récipient et d'appareil injecteur.

L'horloge à balancier est un complément indispensable de la cuisine.

Il serait plus judicieux, semble-t-il, de déterminer quel est le plus important de l'étable ou de la grange (1) ; l'antique « grenier à paille » sert maintenant à loger le fourrage nouveau venu ; ici, on le loge en outre dans les anciennes habitations des prolétaires ; là il a fallu jeter un hangar volant devant la porte de la grange ; partout la paille, autrefois si précieuse, passe maintenant l'hiver dehors. Dès l'apparition des engrais, certains propriétaires entreprenants avaient fait bâtir à neuf, mais ces locaux à leur tour sont insuffisants ; aussi songe-t-on de tous côtés à bâtir encore ou à acheter des emballeuses.

L'étable est restée la même, basse sur voûte, avec ses murs épais, percés d'ouvertures minuscules et sur le sol l'épaisse couche de fumier que l'on enlève une fois l'an. Le troupeau, seul, a bénéficié de tous ces avantages : les savantes distinctions des agronomes entre les races du Causse et celles du vallon perdent tous les jours leur précision : les caractères particuliers s'atténuent peu à peu, car tous les efforts sont tendus vers la production intense du lait. De plus, on remarque que si les tout petits troupeaux ont disparu, chaque exploitation possède plus de brebis : elles donnent plus de lait parce qu'elles sont mieux nourries ; parce que la paille est plus abondante, elles fournissent plus de fumier, ce qui procure plus de grains, permet de semer plus d'étendues et ainsi de suite, car tout s'enchaîne dans le domaine de la production.

Sans doute, il y a eu d'autres changements (2) : le four, hier encore si précieux sert maintenant de cage à lapins, car la camionnette du boulanger ravitaille le village ; le colporteur

---

(1) G. Sion : *Les paysans de la Basse-Normandie.*
(2) Il serait intéressant de rechercher l'influence énorme de cette transformation des cultures sur la constitution physique du paysan : les médecins assurent que l'hygiène générale a fait de grands progrès, on constate la disparition complète de ces vieillards voûtés plus que de coutume parce que toute leur vie le tronc a accompagné le mouvement de la bêche tendant ainsi à rapprocher les épaules des pieds et de la terre.
La plupart des familles étaient affligées de quelque oncle que les privations et les souffrances de la prime jeunesse avaient rendu plus ou moins « innocent ». On n'en trouve plus aujourd'hui.
Voir à ce sujet : Balzac : *Les paysans.*

a changé sa hotte contre une auto ; mais ce sont là des modifications d'ordre général ; le fait principal dans le village, c'est la transformation du troupeau.

Un peu en dehors du village, on voit une maison qui fut neuve, il y a trente ans ; dès les premières heures du jour, le va et vient incessant des paysans porteurs de bidons de lait lui donne l'aspect d'une ruche bourdonnante ; le tuyau de poële qui émerge de la fenêtre, crache tout le jour des tourbillons de fumée : c'est la laiterie de Roquefort : grâce à elle, des produits qui seraient restés sans débouchés, reviennent au village 6 mois après sous forme de livres, de dollars, de marks ou de pesetas, transformés en monnaie française.

Et l'on reste frappé d'admiration en voyant dans les villages les plus petits, les hameaux les plus reculés, les fermes perdues dans un repli du Causse, cette collaboration aussi discrète que profonde entre l'usine et le paysan (1).

A la suite d'accords récents entre industriels, certains esprits ont pu croire que le paysan seul en ferait les

---

(1) Les statistiques des différentes gares sont très curieuses à étudier ; elles dénotent depuis la guerre un accroissement considérable de l'industrie de Roquefort : de 9.560 tonnes expédiées en 1920, les expéditions sont passées en 1926 à 11.948 tonnes. A ce chiffre, il faut ajouter 1.500 tonnes environ expédiées en petite vitesse ; on expédie aussi par camions ; les fluctuations des chiffres d'une année à l'autre indiquent les fluctuations des cours avec les différentes crises.

Les autres gares ont également une physionomie particulière correspondant aux régions qu'elles desservent ; d'une manière générale, on exporte de grandes quantités de fourrages et de fumiers : les mois après les récoltes sont les plus actifs, on n'en fait point pendant la belle saison ; au mois de mars-avril, les expéditions reprennent un peu, car les paysans vendent le supplément de leurs récoltes.

On importe des engrais, mais en quantité insuffisante pour compenser le fumier vendu, du sel pour les troupeaux du vin et des objets métallurgiques. Certains vendent le bon fourrage et en font venir d'une qualité inférieure ; d'autres font venir du fumier de vache qui repart mélangé avec du fumier de bergerie.

Trafic des voyageurs : le chiffre des voyageurs varie beaucoup d'une année à l'autre, mais il est toujours constant d'une saison à l'autre, avec une augmentation très forte l'été ; enfin il arrive toujours plus de voyageurs par fer qu'il n'en repart, etc. C. F. Archives des gares : Tournemire, Sainte-Eulalie, L'Hospitalet, Nant, Sauclières, etc.

frais : vues sous l'angle historique, ces craintes paraissent un peu chimériques : on sait qu'à la fin du XVIIIe siècle, à cause de la décadence des petites fabriques et sous l'afflux continuel de la population, l'élevage intensif avait pris la place peu à peu de l'élevage extensif : certains symptômes permettent d'affirmer que l'industrie de Roquefort serait bientôt ruinée si les prix descendaient au-dessous d'un certain niveau ; de plus en plus, les moutons transhumants viennent utiliser l'été les pâturages abandonnés (1). On en compte un ou plusieurs dans chaque commune, mais vu la cherté de la main d'œuvre et les hauts prix payés par les bergers, leur nombre tend à s'accroître de plus en plus ; à La Prade, commune de Saint-Michel, on a fait monter cette année, 4.000 bêtes à laine sur une étendue de 1200 hectares ; le propriétaire du sol perçoit une taxe de 10 francs par tête ; sous certaines réserves, telles que la nourriture du berger, il bénéficie aussi du fumier, de valeur à peu près égale. Voilà donc une ferme qui, sans aucun frais, sans aucun soucis, aura rapporté 70.000 francs, alors que le fermier avait peine à en donner 12.000 comme fermage.

Les résultats sont désastreux, car le berger remplace tout un monde de paysans et de cultivateurs ; le propriétaire insatiable porte sur le bien plus de bêtes que le sol ne peut en recevoir, en peu d'années, le domaine se trouve définitivement ruiné.

Une autre pratique non moins désastreuse, car elle prépare la voie à la transhumance, c'est la vente du fumier de bergerie dans presque toutes les fermes du Larzac : pour une somme d'argent gagnée sans peine et sans effort, le propriétaire et le fermier ruinent leur terre à une échéance lointaine mais sûre ; les quelques sacs d'engrais qu'ils achètent en remplacement non seulement sont insuffisants pour compenser les pertes, mais sont incomplets par leur nature.

---

(1) La circulation des troupeaux transhumants a été très étroitement règlementée. C.f. Arrêté du préfet de l'Hérault, 22 mars 1924.

La vente du fumier conduit à la transhumance (1) qui chasse l'homme. Aussi croit-on que pour sauver leur industrie, les industriels de Roquefort devront payer le lait de brebis à un prix assez rémunérateur pour que les petits propriétaires puissent y trouver leur intérêt (2).

7. — La situation actuelle des communaux.

Puisque l'on connaît maintenant l'échec lamentable des mesures démocratiques pour diminuer la misère des pauvres gens, il est bon, avant de clore cette étude, de jeter un coup d'œil d'ensemble sur la situation actuelle des communaux.

Pour éviter de mécontenter les propriétaires, la Révolution avait conféré aux détenteurs des terres de Ségala, un droit de propriété mitigé ; la suppression du droit de parcours en fit des propriétaires définitifs. Pour attirer les prolétaires, on avait voulu partager les pâturages, mais faute de pouvoir faire les limites voulues, les lots retombèrent parfois en communauté ; ailleurs, au contraire, la communauté fut définitivement ruinée, c'est ainsi qu'à Roquefort, par le simple jeu des ventes et des successions, un seul propriétaire s'étend maintenant sur tout le Causse

---

(1) Il faudrait citer aussi les essais d'élevage de bovidés à la Page et surtout le retour à l'élevage industriel pour la production de la laine. Les essais ont été tentés en grand sur le domaine de Caussanus ; il ne semble pas que la production laitière ait quelque chose à craindre de ce côté, mais il est probable que ces races composeront les troupeaux transhumants de l'avenir.

(2) A la suite de négociations laborieuses (Bulletin Soc. Agriculture de l'Aveyron), la loi de 1925 admit que le fromage affiné à Roquefort devait être fait exclusivement avec du lait de brebis en provenance du Massif Central, Corse ou Pyrénées ; cette législation confirme les anciens privilèges de Roquefort, tout en délimitant les régions de production laitière.

de Cambálou d'où tous les prolétaires de la commune tiraient jadis leur subsistance.

Par contre, à Tournemire, qui bénéficia des premières opérations du cadastre, les lots furent enregistrés avant d'être abandonnés ; aussi certains propriétaires nominaux s'empressent maintenant, pour une paire de poulets, parfois pour un bon dîner, de céder leur lot aux bergers des communes voisines, et ceux-ci sous prétexte d'aller sur leur terre font le va et vient toute la journée sur les pâturages primitivement réservés aux indigènes.

70 ans seulement ont passé depuis le partage temporaire de 1860 et déjà on constate partout les mêmes abus. Ici, pour une somme ridicule, M. le Maire loue les herbages à des étrangers ; si l'on va au fonds des choses, on s'aperçoit que certains de ses administrés ont eu le tort de ne pas être ses électeurs ; là, par un miracle qui fait songer aux jours heureux du Sermon sur la Montagne, tel lot qui ne nourrirait que 5 chèvres toute 'année, supporte gaillardement plusieurs centaines de brebis .; ailleurs, des bergers transhumants dégagent de tout souci le locataire des lots communaux.

Mais, laissons de côté les cas individuels : ruineux pour les particuliers, ruineux pour la collectivité, le partage des communaux aboutit à un scandale qui devrait attirer l'attention des pouvoirs publics. Les lots abandonnés par suite de la dépopulation auraient dû retomber en communauté : les municipalités ont trouvé plus simple de partager à nouveau entre les survivants les dépouilles des disparus ; si hypothétique et invraisemblable qu'elle fut, toute colonisation nouvelle devient impossible de ce fait ; du train dont vont les choses, il est même facile de prévoir à bref délai l'utilisation des terres au profit de quelques grands domaines. D'ailleurs, le partage aurait dû être renouvelé depuis trente ans et rien n'a été fait (1), chacun se borne à jouir, avec

---

(1) A vrai dire, il y eut quelques délibérations à ce sujet, toutes donnent une plus grande latitude : tout individu au-dessus de 35 ans aura droit à un lot même s'il cohabite avec ses parents, etc.
V. Archives Communales *Le Viala, La Couvertoirade*. Incoté.

la part du voisin disparu, du lot que son père lui a laissé et qu'il transmettra à ses enfants et déjà l'on entend les protestations des paysans de la Révolution quand on parlait de les déposséder des terres de Ségala : « ces biens sont possédés depuis un temps immémorial, ils ont été vendus et achetés par les différents particuliers d'âge en âge ; ils sont rentrés dans le patrimoine des familles ». En droit, la commune est propriétaire, le paysan usufruitier ; en fait, ce dernier est le locataire perpétuel de l'ancien régime et la très modique rente annuelle représente comme autrefois les droits problématiques du possesseur originaire. Pour peu que les circonstances politiques s'y prêtent, un simple décret suffira à nouveau à confirmer la transmission de propriété.

Par contre, dans l'Hérault, où le préfet n'avait pas attaché d'importance politique aux usages de quelques pauvres communes sur le Causse, l'ancien mode de jouissance fut maintenu presque partout (1). Les habitants ont clos de murs leurs immenses Devèzes où ils font l'élevage des chevaux : Ils les achètent au printemps, les laissent tout l'été en liberté et les revendent à l'automne sans autre frais qu'une taxe municipale. Dans les autres communes, cette ressource nouvelle a été rendue impossible par le partage. De plus, chacun peut défricher où bon lui semble, sauf dans les bois communaux ; si le lot reste inculte 1 an et 1 jour, tout nouveau venu peut s'en emparer ; les terrains sont soumis à 1 franc de redevance et transmissibles par la voie héréditaire, etc... (2).

La loi de 1837 a soumis les bois communaux à une uniformité bienfaisante : la coupe a lieu chaque année sous la surveillance étroite du garde forestier ; chaque feu y participe ; il est formé des tas de bois de même dimension qui sont ensuite tirés au sort.

Telle est l'anarchie où se débattent les biens communaux depuis 150 ans : pour être complets, il faudrait citer la géné-

---

(1) Sauf, nous l'avons vu, à Saint-Pierre-de-la-Fage ou par suite du reboisement de 1880 on sentit le même besoin de terre.
(2) Archives Communales *Saint-Michel*, 1922.

rosité sans égale des habitants de la Cavalerie qui ont offert gratuitement près de 2.000 hectares à l'Administration de la guerre sans même se réserver une borne-fontaine.

Le mal vient de ce que l'on a enlevé aux familles formant la communauté des habitants tout droit de propriété pour le reporter sur la tête des électeurs. Pour résoudre la crise agraire, on a appliqué toutes les théories, essayé tous les systèmes : aucun n'a donné de résultat, car, seul, le côté économique de la question n'a pas été envisagé alors qu'il eut fallu peut-être commencer par là. Et ceci rappelle l'histoire de la jument de Rolland qui avait toutes les qualités, mais qui n'existait, hélas ! que dans le cerveau des troubadours !

Or, ce qui s'est passé pour les communaux n'est que le faible écho du malaise rural. Deux cortèges se croisent sur la terre nourricière : l'un est formé de quelques retardataires qui viennent de secouer en hâte, sur les derniers labours la terre de leurs sabots ; dans l'autre, on ne voit que des Italiens, des Espagnols, des Allemands, des Polonais, des « Teurs » même ; qui, ayant entendu l'*Appel aux Barbares* se pressent à grands pas vers la Terre Promise (1).

A qui la faute ? Aux circonstances économiques, sans doute ; ayons cependant le courage de reconnaître que notre législation rurale comporte plus de lacunes qu'il n'y avait de trous au manteau de Diogène.

Des textes du XIIe siècle assurent que telles simples familles de paysans cultivaient alors les mêmes champs que de nos jours.

Aussi ne faut-il pas s'étonner si les cadres de cette législation, anonyme et vagabonde, craquent de tous côtés ; déjà, au dire de certains, on pourrait même les ranger « dans le linceul de pourpre des Dieux morts ». Si « la noble paysannerie française »

---

(1) Certains esprits effrayés avec raison par ce double mouvement entendent déjà le sourd piétinement des légions en marche ; aussi, parle-t-on de recommencer l'expérience de Caligula concédant aux étrangers le titre de citoyen. Il serait bon auparavant de méditer un peu sur l'histoire romaine.

a été ébranlée trop fortement par les idées nouvelles, une aristocratie terrienne est en train de se reformer : comme la précédente, elle a ses lois, ses mœurs et ses coutumes ; la fortune mobilière en est la base, le Code Civil en fera les frais (1), la nation seule y perdra.

Il faut regretter des expériences sociales ruineuses pour les individus autant que pour la nation, parce que mauvaises dans leur essence ; mais il faut surtout se réjouir de ce que nos races de paysans ressemblent à la pierre calcaire du Causse : elle s'effrite parfois sous la gelée, mais à quelques millimètres, elle est plus dure que le granit.

Aussi, tous ceux qui se préoccupent de rechercher le grain des choses sous la paille des mots, approuveront malgré tout, la force tranquille et souriante du philosophe de Maillane :

> « Aurou bo fa d'inbentious
> Calque la terro se boulego. »
>
> On pourra faire des inventions,
> Rien ne supprimera le laboureur. (2)

---

(1) Le développement de l'industrie automobile achèvera de couronner l'indépendance du paysan. Mais nous n'en sommes encore qu'à ses premiers débuts dans la campagne et déjà l'on en sent les heureux effets. Avoir « pignon sur rue » était le symbole de la bourgeoisie : l'auto sera l'indice de l'aisance du paysan. Mais d'ici là, la propriété devra encore se concentrer et beaucoup de petits domaines sont destinés à disparaître. Toutefois, l'automobile a eu une influence négative sur les foires jadis prospères : aujourd'hui les maquignons raflent le bétail dans les fermes et les foires perdent peu à peu leur importance.

(2) Des raisons purement matérielles exigent la suppression de la plupart des tableaux qui devaient être la justification de cette enquête. Les amateurs d'histoire locale en trouveront les éléments dans les diverses archives consultées.

PIÈCES JUSTIFICATIVES

Le CAMP : L'autorité militaire projetait la construction d'un camp pour le XVIe corps. M. de Corneilhan, étant maire de la Cavalerie, comme bon nombre de ses administrés, croyait que le camp aurait une grande importance, que les soldats l'occuperaient de longs mois de l'année et que, par suite, le passage des militaires ferait naître une ère de prospérité. Aussi·il fit pression sur le Conseil pour faire accorder toutes concessions.

Le partage des communaux fait pour 40 ans, en 1880, était sur le point de devenir caduc. Le conseil pouvait donc librement disposer des communaux.

Les conseillers se réunirent le 9 octobre 1899. Ils concédèrent gratuitement tous les communaux nécessaires à la création du camp, accordant aussi le droit de parcours sur les autres terrains. On ne songea pas à se réserver quelques bornes fontaines de peur que l'Administration ne porte ses yeux sur une autre partie du plateau. Il fut spécifié seulement que tous les habitants de la Cavalerie conserveraient le droit de pacage aux heures où il n'y aurait pas tir. Réserve fut faite que si le camp était plus tard abandonné, tous les terrains achetés deviendraient propriété de la commune.

Au printemps de 1900 les travaux vont commencer, l'autorité militaire songe à canaliser l'eau du Durzon et pour éviter des frais se propose de rapprocher les constructions du camp près de la source. Le choix de l'emplacement est déjà fait, c'est à 5 km de la Cavalerie aux Places. Le tènement des Places est situé sur la route 99 entre Montrepos et la mare de Font-fouillouse. Le voyageur allant de la Cavalerie à la Liquisse laisse les Places à sa droite.

Le 1er avril 1900, M. de Corneilhan propose au Conseil d'offrir 15.000 francs à l'administration, afin que l'eau du Durzon soit amenée près du village et que les constructions soient faites à Redoules-Madeleine et non aux Places. Le crédit est voté, l'administration accepte. Pour raison d'économies, on renonce au Durzon, on prendra l'eau au Cernon ; coût, dit-on, 250.000 francs.

Entre temps, l'Etat achète les bergeries et le terrain enclavés dans les communaux. Il achète aussi trois hameaux : Le Sec, les Agastuns et Montrepos. Ce dernier avait 7 feux. Les cultivateurs expropriés furent bien payés ; un seul propriétaire reçut 40.000 francs pour des terrains payés 21.000 francs quelques années avant.

Le camp a une superficie de 5.000 ha., soit 80 km.

En juin 1902, commencent les premiers tirs, avant il n'y avait eu que quelques manœuvres.

La municipalité avait offert 15.000 francs pour la canalisation du Durzon. Mise en demeure de payer, elle refusa (30-9-1902), sous prétexte qu'aucune construction n'avait encore été commencée ; une autre délibération invoque que les 15.000 francs avaient été offerts pour le Durzon et non pour le Cernon.

Dès lors comment demander des bornes-fontaines ?

Jusqu'en 1913, un soldat envoyé à Sainte-Eulalie faisait fonctionner la turbine qui monte l'eau du Cernon au Puech, mais il y restait toute l'année. Depuis 1913, c'est le constructeur qui s'en est chargé.

M. Foulquier, maire, avait demandé des bornes-fontaines pour le village. Pour satisfaire sa demande l'autorité militaire projetait l'établissement d'une nouvelle canalisation qui suivrait la route de la Cavalerie à Sainte-Eulalie. Un réservoir devait être créé au-dessus du village de Lacombe. Le projet était à l'étude quand la guerre éclata.

Depuis, d'immenses travaux ont été entrepris ; un camp d'aviation a été ajouté, de nouveaux projets d'adduction d'eau sont à l'étude. Le service d'un an accélèrera certainement l'achèvement des constructions.

STATISTIQUE

RELATIVE AU MOUVEMENT DE LA POPULATION

de 1779 à 1789 (1)

	Pour un mariage		Excédent de naissances pour chaque décès	Nombre d'actes de l'état civil pour 1 mariage	Durée de la vie moyenne
	Naissances	Décès			
Le Caylar	4 ,7	2 ,8	1 ,6	8 ,5	23 ,6
La Vacquerie	4 ,1	3 ,4	1 ,4	9 ,1	25 ,4
Sainte-Eulalie	6 ,8	3 ,9	1 ,7	11 ,7	19 ,6
Le Clapier	4 ,4	1 ,8	2 ,5	7	29 ,10
La Cavalerie	5 ,8	3 ,6	1 ,6	10 ,5	24 ,6
Le Cros	4	2 ,4	1 ,6	7 ,7	21
Les Rives	4 ,8	2 ,7	1 ,7	8 ,5	33 ,3
Saint-Maurice	5 ,6	4 ,1	1 ,3	10 ,7	25 ,11
Tournemire (Roquefort) ...	3 ,7	2	1 ,8	6 ,9	47
Saint-Xist	5 ,1	3 ,6	1 ,4	9 ,7	46 ,10
La B. Pradines	6 ,2	3 ,6	1 ,7	10 ,9	35 ,11
Saint-Beaulize.	3 ,5	2 ,7	1 ,3	7 ,2	37 ,4
Madières	6 ,3	1 ,5	4 ,2	8 ,8	31 ,9
Saint-Amans-de-la-Tour ...	2 ,4	1 ,1	2 ,1	4 ,5	43 ,2
Saint-Paul	3 ,4	1 ,7	1 ,9	6 ,2	41 ,3
Le Viala...................	2 ,7	2 ,3	1 ,09	6 ,1	27 ,8
Fondamente.................	6 ,7	4 ,4	1 ,5	12 ,2	27 ,8
Saint-Pierre.	4 ,1	2 ,5	1 ,6	7 ,6	27 ,11
Saint-Jean-d'Alcas	4 ,1	2 ,2	1 ,8	7 ,7	52 ,11
Navacelles	2 ,6	2	1 ,3	5 ,6	32 ,10
Le Coulet.	7 ,1	4 ,5	1 ,6	12 ,7	32 ,3
La Bastide-des-F.............	7 ,8	2 ,7	2 ,8	11 ,8	38 ,1
Canals	3 ,5	1 ,7	1 ,9	6 ,2	50 ,3

(1) Quelques paroisses manquent, peut-être avaient-elles été en double au greffe du tribunal, mais le transfert en cours des registres aux archives départementales en exécution des décrets de 1926 a empêché toutes recherches.

1840-1850

	Pour un mariage		Taux d'accroissem.	Actes de l'état civil pour 1 mariage	Vie moyenne
	Naissances	Décès			
Saint-Maurice	4	2 ,7	1 ,5	7 ,7	36 ,2
La Vacquerie	3 ,8	2 ,5	1 ,5	7 ,3	38 ,11
Saint-Jean-Saint-Paul	4 ,2	3 ,6	1 ,1	8 ,8	43 ,8
Caylar	2 ,4	1 ,9	1 ,2	5 ,4	36 ,7
Sainte-Eulalie	4 ,4	2 ,9	1 ,5	8 ,3	32 ,3
Saint-Pierre	4 ,1	2 ,1	1 ,9	7 ,4	34 ,3
Le Viala	5 ,2	4	1 ,3	10 ,2	28 ,10
Saint-Michel	3 ,5	3 ,3	1 ,2	8 ,1	28 ,6
Le Cros	3 ,9	3 ,3	1 ,2	8 ,2	37 ,6
Cornus	3 ,6	2 ,3	1 ,6	7 ,1	46 ,10
Les Rives	4 ,6	3 ,5	1 ,3	9 ,2	37 ,10
Hospitalet	4 ,9	2 ,7	1 ,6	8 ,8	35 ,11
Clapier	6 ,2	2 ,8	1 ,8	9 ,2	35 ,1
Sauclières	3 ,8	2	1 ,9 ½	6 ,8	30 ,10
La Bastide	3 ,2	2	1 ,5	6 ,2	36 ,2
La Couvertoirade	4 ,5	3 ,4	1 ,3	8 ,9	26 ,10
Cavalerie	4 ,8	3 ,4	1 ,4	9 ,3	26 ,10

1900-1910 (1)

	Pour un mariage		Rapport entre les naiss. et les décès		Actes de l'état civil pour un mariage	Vie moyenne
	Naissances	Décès	—	+		
La Bastide..........	1 ,5	1 ,3		1 ,1	3 ,8	54 ,9
Cavalerie...........	2 ,4	3 ,2	0 ,7		6 ,5	50 ,3
Caylar	2 ,4	2 ,9	0 ,8		6 ,3	52 ,8
Cornus.............	2 ,6	2 ,7	0 ,9		6 ,4	52 ,6
Couvertoirade	2 ,2	3 ,1	0 ,6		6 ,3	54 ,5
Clapier	2	2 ,5	0 ,7		5 ,6	57 ,5
Le Cros	2 ,2	2 ,2		1	5 ,5	50 ,3
Hospitalet	1 ,8	3 ,3	0 ,5		6 ,3	50 ,3
Sauclières	2 ,9	2 ,9		1	6 ,8	49 ,8
Saint-Beaulize. ...	1 ,4	1 ,7	0 ,8		4 ,2	52 ,6
Sainte-Eulalie	3 ,4	3 ,8	0 ,8		8 ,2	46 ,6
Saint-Michel........	3 ,6	3 ,2		1 ,1	7 ,9	39 ,6
Saint-Maurice	3 ,3	2 ,8		1 ,1	7 ,2	43 ,1
Saint-Pierre.	3	4 ,8	0 ,3		8 ,8	46 ,5
S.-Jean-S.-Paul ...	2	2 ,2	0 ,9		5 ,2	50 ,6
Les Rives	1 ,9	2 ,1	0 ,9		5	46 ,9
Vacquerie	2 ,2	2 ,5	0 ,8		5 ,8	49 ,5
Viala	1 ,7	1 ,9	0 ,9		4 ,7	55 ,10

---

(1) La comparaison des tableaux et des colonnes suffit à prouver le flux et le reflux de la population.

1918-1928

(Les morts de la guerre non comptés)

	Pour un mariage		Rapport entre les naiss. et les décès 1 étant l'unité		Actes de l'état civil pour un mariage	Vie moyenne de l'homme
	Naissances	Décès	—	+		
La Bastide..........	1,3	1,3		1,06	3,6	63,2
Cavalerie............	1,7	2,2	0,8		5	55,11
Caylar	1,9	2,8	0,6		5,8	59,4
Cornus...............	1,4	1,6	0,8		4,1	58,4
Couvertoirade	1,7	2,2	0,7		5	60,2
Clapier	2,05	2,09	0,7		5	57,10
Cros	1,3	1,9	0,7		4,2	59,3
Hospitalet	1,6	1,6		1,03	4,4	55,7
Sauclières	2,2	2		1,07	4,7	59,9
Saint-Beaulize. ...	1,2	1,8	0,7		4	60,8
Sainte-Eulalie	1	1,4	0,7		3,4	59,3
Saint-Michel........	1,4	1,2		1,2	3,6	66,5
Saint-Maurice	1,4	1,6	0,9		4	52,7
Saint-Pierre.	1	2,7	0,4		4,8	67,4
S.-Jean-S.-Paul....	1,4	1,6	0,8		4	61,5
Les Rives	2,2	1,7		1,4	4,1	51,2
Vacquerie	1,8	2,2	0,8		5,1	64
Viala	1,6	2,7	0,6		6,2	59

---

(1) Les morts de la guerre n'étant pas compris, la réalité est pire que les chiffres ci-dessus et de beaucoup.

BIBLIOGRAPHIE (1)

Sources :

Archives départementales de l'Aveyron.
Archives départementales du Gard.
Archives départementales de l'Hérault.
Archives des communes du plateau et des environs.
Archives des paroisses du plateau et des environs.
Registre des naissances, mariages, décès : 1779-89 ; 1840-50 ; 1900-10 ;
1918-28.
Archives notariales d'Alzon, Gard.
Archives notariales du Caylar, Hérault.
Archives notariales de Cornus, Aveyron.
Archives des gares (Ligne Tournemire-Le Vigan).
Archives privées (diverses).
Bibliothèques des Sociétés Savantes de l'Aveyron et de l'Hérault.

Revues :

Société Languedocienne de Géographie : Marre : *Le Lodévois*.
Revue historique du Rouergue.
Revue historique de Droit, 1927, IV.

Divers :

Journal Officiel, juillet 1897.
Arrêté du préfet de l'Hérault, 22 mars 1924.

LIVRES (1) :

Affre. — *Dictionnaire des Institutions, mœurs et coutumes du Rouergue*.
Anglade Maurice. — *De la sécularisation des biens du clergé sous la Révolution*.

---

(1) Cette bibliographie ne comprend que les ouvrages directement
utilisés.

Artières. — *Annales de Millau.*

— . *Millau du XVIe siècle à nos jours.*

Boscary. — *Evolution agricole de l'Aveyron.*

Bourgin. — *Documents inédits sur l'histoire économique de la Révolution.*

Creuzé de Lessert. — *Statistique du département de l'Hérault.*

Constans. — *Le livre de l'Epervier.*

De Gaujal. — *Tableau historique du Rouergue.*

Dutil. — *Etat économique du Languedoc à la fin de l'Ancien Régime.*

Gèze. — *Les Drailles.*

Lempereur. — *Introduction de la pomme de terre en Rouergue.*

Lefebvre George. — *Les paysans du Nord sous la Révolution.*

Marcorelles. — *Mémoire sur la fabrication du fromage de Roquefort,* 1753.

E. Marre. — *Le Roquefort.*

Martel. — *Millau et les Causses.*

— *Les Cévennes et les Causses.*

Molinier. — *Le Livre de l'Epervier.*

Monteil. — *Description du Département de l'Aveyron.*

Plagniard. — *Les droits d'usages sur la forêt d'Aubrac et les biens communaux.*

Renaud de Villach. — *Le Languedoc.*

Rigal et **Verlaguet.** — *Notes pour servir à l'histoire du Rouergue.*

Rouquette. — *La transhumance en Bas-Languedoc.*

Saint-Quirin. — *Les verriers du Languedoc.*

Sion. — *Les paysans de la Basse-Normandie.*

Vigarie. — *Géographie physique de l'Aveyron.*

Young. — *Voyages en France.*

Vu :
Le Président de la Thèse,
Montpellier, le 29 Janvier 1929,
Jules VALÉRY.

Vu :
Le Doyen,
Montpellier, le 29 Janvier 1929,
MOYE.

Vu et permis d'imprimer :
Montpellier, le 30 Janvier 1929,
Le Recteur,
Jules COULET.

TABLE DES MATIÈRES

Imprimerie de la Charité - Montpellier - Pierre-Rouge.

www.ingramcontent.com/pod-product-compliance
Ingram Content Group UK Ltd.
Pitfield, Milton Keynes, MK11 3LW, UK
UKHW021255180726
13837UKWH00007B/242